苦
才是奇迹

THE MIRACLE OF SUFFERING

（泰国）伐札梅谛尊者 著

官志红 译

中央编译出版社
Central Compilation & Translation Press

The Miracle of Suffering
By V. Vajiramedhi

First published in Kingdom of Thailand as The Miracle of Suffering
Copyright © 2012 by V. Vajiramedhi
This edition published by arrangement with Pran Publishing Co., Ltd.,
Nonthaburi, Thailand

图书在版编目(CIP)数据

苦才是奇迹 /（泰）伐札梅谛著；官志红译 . —北京：中央编译出版社，2014.4
书名原文：The miracle of suffering
ISBN 978-7-5117-2021-4

Ⅰ. ①苦… Ⅱ. ①伐… ②官… Ⅲ. ①人生哲学－通俗读物 Ⅳ. ① B821-49

中国版本图书馆 CIP 数据核字 (2014) 第 007421 号

苦才是奇迹

出 版 人：刘明清
出版统筹：董 巍
责任编辑：董 巍
责任印制：尹 珺
出版发行：中央编译出版社
地　　址：北京西城区车公庄大街乙 5 号鸿儒大厦 B 座 (100044)
电　　话：(010) 52612345（总编室）　 (010) 52612363（编辑室）
　　　　　(010) 52612316（发行部）　 (010) 52612315（网络销售）
　　　　　(010) 52612346（馆配部）　 (010) 66509618（读者服务部）
传　　真：(010) 66515838
经　　销：全国新华书店
印　　刷：北京龙跃印务有限公司
开　　本：787 毫米 ×1092 毫米　1/16
字　　数：120 千字
印　　张：15
版　　次：2014 年 4 月第 1 版第 1 次印刷
定　　价：35.00 元

网　　址：www.cctphome.com　　邮　　箱：cctp@cctphome.com
新浪微博：@ 中央编译出版社　　微　　信：中央编译出版社（ID：cctphome）
淘宝网店：编译出版社书店（http://shop108367160.taobao.com/）

本社常年法律顾问：北京市吴栾赵阎律师事务所律师　闫军　梁勤
凡有印装质量问题，本社负责调换。电话：010-66509618

前　言

苦过的人，才知什么是人生

只要好好地观看一下你的生活，你就会发现快乐在痛苦过后不久就会紧跟而至。反之亦然，当你感到快乐时，痛苦很快也会随后到来。苦与乐这两种品性在人的生活中轮番上演，从来都不会分开时间太长。

问题是，人们会不会有所分别地只选择拥有快乐，而将痛苦完全拒之门外呢？答案是否定的。因此，虽然我们无法避免人生中种种的不如意，但是还是可以看到其中有好的一面，并且可以通过自己的修行将苦转化为乐。

此处前言是为泰国所出版的英文版而写，本书中文版也是根据英文版翻译。

苦才是奇迹
the Miracle of Suffering

在《苦才是奇迹》一书中，V. 伐札梅谛告诉我们如何看到痛苦的益处。无论你何时被痛苦光顾，你都会领受到痛苦所带来的神圣之处。但凡经历过艰难困苦的人都会变得坚强，相反，没有经历过痛苦的人会脆弱不堪、萎靡不振、免疫低下，以致遭受人生痛苦风暴袭击时束手无策。

认识到苦与乐是我们必须面对的事情，我们就不会逃避或退却，反而会从一个不同的角度，看到苦在某种程度下也会带来快乐与舒适。

《苦才是奇迹》首次以泰文出版，发行20万册，极受读者欢迎。读者们纷纷争相购买，有的给自己买，有的买去当做祝福的礼物，与人结缘，结果20万册很快销售一空，出版社被要求多次加印。《苦才是奇迹》的确是一本很好且有用的书，可以帮助读者触及事物的本质，更好地理解生活。

此次英文版，我们对原著做了一些修订和调整，新增补两个部分的内容——第三部分"与痛苦好好相处"与第四部分"快乐的秘诀"，以便你将快乐的祝福

前 言

送给你心爱的人。

我们真诚地希望读者将本书中的佛法智慧运用到生活中，取得圆满的结果，以及将这本好书推荐给你身边的人，履行出版社恪守的信条——"我读，故我在"。

泰国普兰出版社

自 序

苦是人生之真理

当悉达多王子从宫廷出来,进入现实世界,偶尔发现苦的象征——老人、病人和死人,佛教此刻就开始在孕育之中了。他们生活在痛苦之中,经历苦难,最后死于痛苦。后来他遇到苦行者,看到他们内在安详,终日在荒野修习苦行,抱持"解脱痛苦"的目标。

悉达多看到人们处于各种不同的痛苦状态,从而踏上求道之旅,并且改变了自己的整个人生历程。

诚然,痛苦对于人类和所有众生都是一个威胁。然而正是这种同一的苦,使得悉达多王子找到"止息痛苦"(即所谓的"涅槃")的方法。

痛苦对于人类和众生都是一个威胁,这是一个真

苦才是奇迹
the Miracle of Suffering

理。痛苦促使人们寻找止息痛苦并从中解脱的方法，这也是一个真理。

因此，痛苦像同一枚硬币，也有正反两面。一面是，痛苦是一种可以避免的威胁，一种可以化解的危险。另一面是，痛苦是证悟的道路。

佛陀从这两个方面看待痛苦，在他所发现的"四圣谛"的真理原则中，他重新定义了痛苦，将它称为"神圣的真理"（苦谛）。

痛苦之所以是神圣高尚的真理，是因为它本身就具有将苦转化为乐的特性。从一种意义上说，哪儿有痛苦，哪儿就有快乐。从另一种意义上说，痛苦能转变成一种鼓舞的力量，因此，人在个体的快乐和人类整体的快乐中能找到更大的快乐，最终还能获得最大的快乐——涅槃，即达到无痛苦的最高状态。

甘地在去比勒陀利亚的途中被无情地从头等车厢赶下车，他在这种沉重的种族歧视中找到人生的转折点。他曾说过一句名言："直接的痛苦是最有创造力的。"

自　序

　　曼德拉被南非白人殖民政府囚禁了二十六年，但他的政治影响和领导才能与日骤增，直到他在国内和国际上赢得崇高的威望。

　　德蕾莎修女发现孟买最穷的贫民窟，与她的修道院仅仅一道篱笆之隔。这道篱笆把修道院和她的同伴人类给分隔开来了，由此她明白人类存在着明显的不平等和受苦者在为生存抗争。这是她人生的转折点，因而世界诞生出一位拯救穷人的天使。

　　对这些世界名人来说，痛苦本身是有吸引力的、有促进作用和有价值的，同样它对我们所有人也有吸引力、促进作用和有价值的。

　　无疑，佛陀对痛苦给予了高度评价，他说："苦是一个神圣的真理。"既然痛苦如此神圣，我必须鼓励你去认识苦，并创造"苦的奇迹"。

V. 伐札梅谛

泰国清莱 Sun Rise 园区

目 录

第一部分
对痛苦说谢谢

1. 人人都遭受过痛苦的打击 / 3

　　百万富翁有百万富翁的苦，穷人也有穷人的苦。同样，我们所有人都遭受这种苦或那种苦，只是每个人的因果不同，遭受的痛苦也不同。简而言之，我们都会因为自己的原因而受苦。

2. 苦中也有快乐 / 8

　　痛苦是快乐的伪装，因为它们互相依存、不可分离。它们自一开始就并存。只是由于你的忽视，才看不到它。如果你用智慧去看，就会对痛苦说谢谢。

3. 痛苦是神圣的 / 11

　　无论你想什么、做什么、从事什么运动，你都要不断地觉知它。如果你能正确修习，你就会立即感到活力四射。你的人生也会变得安详自在，痛苦也转变成妙不可言的喜乐。

苦才是奇迹
the Miracle of Suffering

4. 一行禅师用苦创造人生奇迹 / 15

为什么一个到处遭受迫害、打击而陷入痛苦深渊的人，竟然在后来成为一位有魅力的快乐大师？他现已是八十三岁高龄，仍然精神矍铄，洋溢着快乐。

5. 痛苦是快乐的种子 / 24

痛苦并不是令人厌恶的、使人害怕的或讨厌的。事实上，痛苦是可以接纳的，应予以尽可能的照顾；痛苦是应该受到感激的，它就像一位应受到最高尊敬的伟大导师。

6. 将痛苦转变为快乐 / 29

不管遭受多大的痛苦，站起来去与它搏斗，一直战斗到底。如果你不能战胜它，它就会战胜你。如果你没有走投无路，它就会陷入困境。对待痛苦莫过如此。只要好好抗争，通常都会胜出。

7. 因为苦，人生才美好 / 36

快乐本身就在痛苦之中，痛苦也会结出快乐的果实。因此，不论什么时候遭受痛苦，你都必须努力向前，对你的痛苦表示敬意。试着对你的痛苦表示尊敬，并对它说谢谢，你就会发现人生是多么美好。

8. 痛苦时，朋友的帮助很重要 / 43

如果遭受痛苦而没有好朋友相助，你就可能会陷入无边的痛苦之中。有时痛苦会将人压倒，甚至置人于死地。然而，如果有好友的指导，让你明白快乐的重要性，你就会从痛苦中解脱。

目录

第二部分
以微笑拥抱快乐

1. 保持快乐的四种方法 / 51

让人快乐起来有四种方法：不要自寻烦恼；寻找正确的快乐；即使对正确的快乐也不要执著；培育心灵，脱离痛苦。

2. 不要自寻烦恼 / 55

人们的心只要一闲下来，他们就会对自己所见到的、听到的和已做的事情表示不满。即使没有见到，也要寻找烦恼。因此，他们的心里承载着过量的精神包袱。

3. 寻找正确的快乐 / 60

正确的快乐符合以下三个条件：不能违背五戒；不能建立在别人的痛苦之上；不能侵犯他人的快乐。如果你能做到这三点，你就能找到正确的快乐。

4. 即使对正确的快乐，也不要执著 / 64

不要执著那种看似正确的快乐，如果执著，你必定就会受苦。花很多时间来禅修，你会忘记孩子和妻子，以及要履行的工作职责，还会面对其他方面的痛苦。

5. 培育心灵，脱离痛苦 / 69

我们在生活中所经历的快乐，好比是梯子的横档，但它不是我们最终的目标。梯子只是一个连结两端的工具。真正的快乐是摆脱痛苦之后的自由，内心自由才是真正快乐的本质。

6. 弄清什么是快乐 / 75

根据快乐的目的，快乐可分为两种，即身体的快乐和心灵的快乐。身体的快乐就是身体没有疾病，心灵的快乐就是心里没有焦虑。如果你的身体没有病痛不适，心灵没有焦虑担忧，你就会快乐。

7. 抓住快乐的根本 / 77

如果你知道自己真正的本质，你就不会被误导；如果你不会被误导，你就会很快乐。因此，这正是快乐之根本所在。无论你的身份地位是什么，都必须抓住快乐的根本，这样你才会明白快乐其实就在身边。

8. 让佛法指引你获得快乐 / 82

佛法对我来说，就是一门生活的艺术，仅此而已。要获得生活的平衡，你必须去聆听佛陀的教法，并且依法而行。佛陀教导我们要回头反省，不去做坏事。只要做到这点，你就能确保人生成功。

第三部分
与痛苦好好相处

1. 人生就是一连串的痛苦和不如意 / 89

人生就是一连串的痛苦和不如意。佛教可以指引你去摆

目 录

脱痛苦。为了摆脱痛苦，我们要做的不是去处理痛苦本身，而是找寻痛苦的根源。人生中的痛苦不会无缘无故产生。

2. 为什么我们遭受那么多痛苦 / 95

痛苦本身是稍纵即逝的，它总是很快生起和消失。但是使痛苦维持得比它本应还要长的，是你的冲动而又强迫的本性。所有这一切，都是因为我们从未练习正念，以便活在当下。

3. 以正念洞察痛苦 / 99

痛苦本来可能很小，但是后来，我们不断地夹杂进思想，它就慢慢地变大了。我们让它成形，还不断地为它绞尽脑汁。因此，为了战胜痛苦，我们必须练习正念。

4. 觉知你正在做的事 / 106

无论你做什么，都对它保持觉知。走路时，觉知自己在走；吃饭时，觉知自己在吃；思考时，觉知自己在思考；说话时，觉知你在说话。如果你对做的事情保持觉知的话，那么因无用的杂念而生起的烦恼就会消失。

5. 过去已过去，未来还未到来 / 110

大多数人都沉浸于过去中生活，因此生活了无新意。因为不断地想着过去，所以我们的生活缺乏新意，这是拿过去来伤害我们的现在。事实上，发生的已经过去，也成为一种过去。我们应只觉察到当下，然后一直保持新鲜感。

6. 不断觉知所思所想，你才会活得轻松 / 115

　　我们这颗思维的心是痛苦的造作者。因此，你应时刻觉知这颗心，知道自己的所思所想。如果你不断地觉知你的思想，你就会生活得更加轻松。因此，为了跟上自己的思想，我们必须练习正念。

第四部分
快乐的秘诀

1. 让别人快乐，只需付出一点点 / 121

　　使他人快乐并不需要付出很多。不要很多的投入，只要一点点奉献。我相信，为了共同的利益而奉献，是多么崇高的事。人们能从中获得极大的快乐。只要人人付出一点点，就能使我们所有人活得快乐。

2. 积极与人交流 / 137

　　和他人说些悦耳动听的话。每说一字，都像是送人大束的鲜花，他们会因为你送的花而感动。你的嘴可能会成为一支毒箭或一个花园。每次你说一句，都要深深吸入和呼出。

3. 知道何时让步、何时停下、何时放松 / 145

　　人生越简单越快乐，因为快乐至简。尽可能过简朴的生活，知道如何让步、停下和放松，你就能顺利度过你的人生。至于何时让步、停下和放松，没有规律可循，如果具备识别力，你就会活得更快乐。

目 录

第五部分
人生四大快乐

1. 痛苦越少，快乐越多 / 155

大多数人一生都喜欢不断地增添新东西，期望过得快乐，然而，这不是正确的看待生活的方式。一种良好的生活，不是不断地添加新东西，而是减少多余的、不必要的东西。

2. 长寿之道 / 162

在我们的心中，有一些种子随着时间在慢慢长大。这些种子，既有贪婪、愤怒、妄想、妒忌和野心等坏种子，也有品德、慈悲、慷慨、喜悦、活力、对真理和正义的爱等好的种子。

3. 生命只在当下 / 182

当你活在当下，过去也无法接近你，担忧未来的痛苦也不靠近你，因为只有此时此刻，只有当下这一刻，才是你拥有的一切。只有在当下，你才是无忧无虑的，这会让你保持容光焕发。

4. 身心快乐 / 187

为了摆脱你所熟知的世界，你必须让心不受干扰。只有你，才能做到让心了却烦恼。你必须培育自己的心，你要设法制止贪、嗔、痴三毒。如果你不断地这样做，你就会拥有良好的心灵健康。

5. 保持健康 / 195

　　如果心灵沮丧，即使体能充沛，也无快乐可言。实际上，身体体能和心灵官能有一定的关联性。因此，保持健康，我们既要加强体能，也要提升心灵官能。要做身体练习，你应该尽可能用精神食物喂养自己。

附　录

伐札梅谛的智慧箴言

1. 你应该（做）的是…… / 201
2. 没有什么比得上…… / 203
3. 正面思考的力量 / 205
4. 对待……要…… / 209
5. 少一点……多一点…… / 211
6. 感谢…… / 213

关于作者 / 215

第一部分

对痛苦说谢谢

当你无心于痛苦,痛苦本身不会引起你的注意。但以正念观察,你就会看到痛苦是什么。一旦你看清痛苦,你就会将痛苦转化成快乐。因此,按照佛陀所说,痛苦是神圣的真理,因为痛苦是通往快乐的一条途径。

人人都遭受过痛苦的打击

人们要么害怕痛苦,要么逃避痛苦。这条真理之所以神圣,是因为它能导致痛苦的止息,佛教上称之为"圣谛"。

亲爱的读者,我问问你:你曾经遭受过痛苦吗?你们之中有谁没有经历过痛苦、悲伤或不满吗?我们都经历过,对不对?百万富翁有百万富翁的苦,穷人也有穷人的苦。同样,我们所有人都遭受这种苦或那种苦,只是每个人的因果不同,遭受的痛苦也不同。

苦才是奇迹
the Miracle of Suffering

简而言之，我们都会因为自己的原因而受苦。

迈克尔·杰克逊非常受人尊敬和喜爱。我们宁愿相信，他这个广受欢迎的耀眼明星不会像我们经历尘世中的痛苦。可是你知道他遭受过多大的痛苦吗？当他出现在公众场合，看上去好像极其快乐，同时带给他人狂喜。然而，我在这儿总结一下他的人生：他公开露面时快乐，私底下却是痛苦不堪。他在台上能使观众快乐，甚至兴奋，但是独自一人时却黯然神伤，没有人和他分享他的痛苦。杰克逊曾在接受采访时说："要是可能的话，我宁愿睡在台上，只有在台上我才是最快乐的。当我回到家，根本见不到真正喜欢我的人。"他有多少位经纪人？和他打交道有多少家唱片公司？又有多少广告代理找他，希望从他身上谋利和利用他的极大天赋？没有人真正喜欢他。这就是他的感受和痛苦的原因。

只要仔细想想，就知道他这个牛气冲天的明星为何充满如此多的痛苦和悲伤。同时也可以看到，每个人毫不例外地都有他自身的痛苦。

第一部分
对痛苦说谢谢

然而,如果我们没有觉察,所经历的痛苦便会无关紧要。许多人沉溺于痛苦之中而不能自拔,几乎对痛苦视而不见。尽管遭受很多痛苦,但他们无法"见到"痛苦本身。

我的一个学生参加我在内观禅修班开设的挫折管理课程,她显得焦躁不安和异常激动。课后,她来向我顶礼,开始哭泣。

"你怎么啦?"我问道。

她说:"我很痛苦。"

"是什么原因呢?"

"师父,这和我强忍着愤怒有关。愤怒一旦生起,我就想马上把它压下去,但是我做不到,于是弄得我痛苦不堪。我学佛已五年了,每当生气,我就想迅速息怒,但怒火没有像我期望的那样消失。"

我说:"我知道,你并不是因为愤怒而痛苦。你痛苦是因为你想要去除愤怒。愤怒本身不会威胁你,威胁你的是任意去除愤怒的想法。当你无法任意去除愤怒时,除了愤怒之外,你更是火冒三丈。其实使你痛苦的是双重的愤怒。这个双重的愤怒是：（1）愤怒本身；（2）你不能恰当处理的愤怒。"

"你痛苦的原因就在于你认为自己学佛多年，却在面对愤怒生气时感到束手无策。总之，你是因为不能去除愤怒而生自己的气。"

"要解决这个，方法很简单，"我补充道，"你不必那么费力去除你的愤怒。你是什么时候开始有这种愤怒的？"

"今天早上，师父。"

"今天早上是过去还是现在？"

"是过去，师父。"

"明白了吗？你现在生活在过去中。你的早上已延伸至现在，现在已到下午。活在当下吧，"我说，"现在起身，出去走走，记得要正念行走。"

我告诉她去行禅，她前后来回地走了三四圈。我再问她，她只是笑了笑。她的怒气已不见踪影。你知道她的怒气跑到哪儿去了吗？它哪儿也没去，而是存在于我们不断的思索中。大多数受过痛苦的人，即便

第一部分
对痛苦说谢谢

没有痛苦时还在滋养痛苦。痛苦本身有生有灭,但是人们却在自己造设的世界中紧抓住它不放。一旦有人辱骂你,他骂完便走开了,而你却纠结其中,反复地想个不停。那个训斥我的"他"是谁?我父母绝不会这么骂我。他认为他是谁?你不断地在自己的思绪里翻滚。他只是将一根钉子向你锤了进去,然后走开了,而你却不停地把钉子锤向自己。

这就是苦,它来了你却没发现,因为你没有去认识它的本质。当你痛苦时,你没有深入去看你的痛苦。其他人让你痛苦一次,但随后你却一而再再而三地让痛苦轮番上演。

 **苦中也有快乐**

事实上,痛苦是快乐的伪装,因为它们互相依存、不可分离。它们自一开始就并存。只是由于你的忽视,才看不到它。如果你用智慧去看,就会对痛苦说谢谢。

娱乐界有一位女人借给朋友1300万泰铢。那位朋友既不着急还钱,也不出去躲债,心里也没有负罪感。他们还继续在电影和电视拍摄地见面。即使到了该还钱的时候,他也置之不理。她怒不可遏,忐忑不安,但没有勇气起诉他,因为害怕丑闻公开,影响到她的事业。最

第一部分
对痛苦说谢谢

后,她皈依佛门,开始学修内观,以求心灵安慰。

我问她是什么原因使得她如此不快乐,她说她心里对这位所信赖的朋友有很多的积怨。

"你心怀积怨有多少年了?"

"有十多年了,尊者。"

"哦,这么久。你是因为失去钱财而不快乐吧?"

"不,尊者,我不是因为失去钱财而难过。"

"那么是什么使你不快乐呢?"

"他借我的钱,不愿还我,我对他怀恨在心,但是在社交场合,我还要天天见到他。"

我进一步探问,"当他借了应还你的钱时,他有没有拿枪威胁你?"

"没有,尊者。"

"他拿着一把.357口径的枪吗?"

"没有。"

"如果你没借给他钱,他会违法吗?"

"不会。"

"如果以前拒绝他的请求,你能做到吗?"

"当然。"

"那你为什么没有做呢?"

"我也不知道为什么,尊者。"

我告诉她:"现在明白了,你正在受苦,却把你的怒气指向他,而不是你自己。"

至此,她积压于心中十多年的愤懑与怨恨迅即得到了释放,因为她的心已变得清醒和明晰。她已从过去的错误中解放出来,只安住于当下。

只要你看到痛苦,就会从折磨你的事物中明白过来,变得警觉。这正是佛陀为什么说苦是圣谛,因为在苦的发展过程中,你会找到其中潜藏的快乐。我们可以拿橘子来打个比方,痛苦就像橘子的表皮,而快乐好比是橘子的肉。如果你哪天心情不佳,可以微笑着对自己说:"快乐就要来临,我要剥去外皮,找到里面的肉(快乐)。"

事实上,痛苦是快乐的伪装,因为它们互相依存,不可分离。它们自一开始就并存。只是由于你的忽视,才看不到它。如果你用智慧去看,就会对痛苦说谢谢。

③ 痛苦是神圣的

在修习内观时,一旦痛苦从心中生起,我们就会把它当作我们伟大的老师。有时我们很长时间坐禅,会感到四肢疼痛,痛到几乎要死。

我有时会专门对初学者说,我过去也会感到很多痛苦,腿脚都好像要坐断,感觉有人坐在肩膀上面。身体开始变得麻木沉重,我无法坐直。合上手,手无法松开。我除了哭,什么也做不了,只好坐在那儿默默地流泪。

苦才是奇迹
the Miracle of Suffering

我的禅修老师走过来,简单明了地说:"专注于痛苦。"我便集中精神专注于痛苦之处。随着正念的出现,痛苦开始释放出来。突然有一道明光闪现,痛苦完全消失了。我感到一股怡人的冷流从头流到脚。我曾被这种痛苦压倒,从来没有直视过它。因此,不论你什么时候遭受痛苦,只要培育正念,直到它如一道明光在你心中照耀。这时,痛苦开始转变成快乐。

愤怒、憎恨、嫉妒、妄想等情绪全都可以灌注进快乐中。只是它们出现时,你没有去观看它们。因此,当你身处痛苦之中,只须回到当下,保持正念,注视着正使你痛苦的东西。如果痛苦是因为你的思想造成的,那么将正念之光投射到思考上,不要跟随你的思想,只是看着。你正在想的,仅仅看着就好。如果你坐着,感到痛,那么把正念放到痛处,只是看着它,不加评判或干预。如果你坐着,呼吸中断,只是观察呼吸在何处中断的。如果你坐着禅修,你的思想向四周扩散,只要把你的心放在思想发散处就行。只是看着,注意你自己。

第一部分
对痛苦说谢谢

"正念",用世俗的话说,就是"紧跟着呼吸"。观看身体,我们称之为"身念住";观看感受,称为"受念住";观看思维,称为"心念住";观看"无常、苦、无我"的变化,称之为"法念住"。只是紧跟着呼吸。仅仅观看,而不作出反应。一旦具足使你处于当下的正念,一切都会变得轻松自在,好像你走进一片充满鼻涕虫的森林,其中一些粘附在你身上。你用石灰涂抹腿,鼻涕虫闻到石灰味,就自动脱落掉下。痛苦也是如此。用正念(石灰)保护你,痛苦(鼻涕虫)就不会缠缚你。它们会迅速离开,这就是正念的奇迹。

从未培育过正念的人,应该尝试修习正念。简而言之,无论你想什么,无论你做什么,无论你从事什么运动,你都要不断地觉知它。如果你能正确修习,你就会立即感到活力四射。你的人生也会变得安详自在,痛苦也转变成妙不可言的喜乐。这好比盐的咸味,如果不放进嘴里,是无法说清的,或者好比榴莲的味道,除非品尝,否则不能体会。法味也是如此。

显而易见,痛苦时若没有正念,痛苦本身就会避开你的注意。但若保持正念,就能见到痛苦的本质。只要看着痛苦,它就会慢慢地自动转变成快乐。因此,佛陀说,苦是圣谛,是因为痛苦是通向快乐的一个途径。

4 一行禅师用苦创造人生奇迹

一行禅师过去逃离祖国去其他国家寻求庇护,如今却受邀到世界各地巡讲,将慈悲带到这些东道国。他的禅修中心遍及全球。越南,曾经将他驱逐出境,迫使他流亡他国——他有四十年未曾踏上这片土地,如今却视他为越南人的骄傲,因为他是当今世界最受尊敬的精神领袖之一。

最近我到法国去弘法,有幸受邀参加位于法国波尔多的梅村禅修营。梅村是一个庄园式的禅修道场,由越南僧人一行禅师创建。

一行禅师：最受尊敬的人

一行禅师是一位在越战期间从越南逃到法国的难民。他到了法国，便建了一个小庙。如今这个由难民僧侣建的小庙，已发展成一座庞大的寺院，下设四个独立的分院。数百名僧人，包括男众、女众，比丘、比丘尼，在这里寻求庇护。

一行禅师过去逃离祖国去其他国家寻求庇护，如今却受邀到世界各地巡讲，将慈悲带到这些东道国。他的禅修中心遍及全球。

越南，曾经将他驱逐出境，迫使他流亡他国——他有四十年未曾踏上这片土地，如今却视他为越南人的骄傲，因为他是当今世界最受尊敬的精神领袖之一。

以前，一行禅师无片甲之地可以居留，如今全世界的人都排队等着邀请他光顾他们的家园。

每年，他都会仔细翻阅不断涌来的邀请函，决定

第一部分
对痛苦说谢谢

好要前往的地方。即使曾驱逐他出境的越南，现在也向他发出邀请。

一行禅师曾经无比痛苦、绝望

两年前，他四十年来首次回到越南。几星期后，他的弟子们又把他拉回到法国。越南人并不怎么欢迎他，然而他坚持要去。他不是回归祖国，而是前去倡导和平之道。后来的法会，很多人都参加了，甚至政府也出面主持。他逃亡时正值南北越政治对立，他未参与任何一方，仅仅要求双方达成和解。

他们认为，他唯一的罪过，就是在双方激战时，却呼吁互爱与和平。他们在互相残杀时，他却说："让我们互相爱对方吧，为了和平，为了幸福。"大约有十名越南僧人为了这种理想而自焚。结果，越南政府垮台。

内战发生之际，越南人大批逃离自己的国家，乘船漂至泰国、新加坡、印度尼西亚和马来西亚海岸。

苦才是奇迹
the Miracle of Suffering

一行禅师逃往新加坡，后至泰国。他是越南人权事业主要倡导者，他向世界呼吁拯救他的同胞脱离苦海。

他说，他当时伫立在海岸的时候，看见他的同胞登上几百只超载的船，一只接着一只地接近印度尼西亚、泰国或新加坡的海岸。有些国家的军警驱赶他们离开海岸，致使他们搁浅海上。越南船民们在海上漂浮，结果二十万到三十万人死于海上。这是一场有目共睹但又无法避免的悲剧。有些船只被海盗劫掠，女性惨遭强奸，其他人则被杀害。他伫立在岸边，看着他的苦难同胞，即将登陆却又被人推下海，沉溺而亡，或被海洋动物残害。他心里无比痛苦、绝望，不知道怎么去拯救他们。因此，他决定离开新加坡。

他来到泰国，在清迈 Phalad 寺做短暂停留。由于想尽办法也不能帮助他的同胞，他重新调整策略，前往法国，举行新闻发布会，到美国也举行过发布会。通过媒体，世界终于认识到越战是怎样将越南人拖入苦难。西方，特别是欧洲国家，决定通过外交手段，阻止越南的迫害和内战。

第一部分
对痛苦说谢谢

最终,越南人可以大批移民到美国,移民由原来一年不到一百人跃升到一年十万到二十万人。结果,越南人分布于世界各地,这归功于一行禅师为自己的同胞争取人权,即使他本人四十多年没有踏上祖国的土地,却从未停止祖国的和平事业。

现在一行禅师定居在法国,指导禅修和培育心灵。世界各地的人蜂拥而至,跟随他学习禅修,因为他已是世界一流的精神领袖。

我和一行禅师一起禅修

我应邀参访他的道场。在那儿,我亲眼见到他是如何教禅修的。那里只提供禅修课。我参加的禅修营大约有七百名修行者,大多数是西方人。那里不提倡持护身符、驱邪物、好运符咒以及念魔咒。他们只教禅修和心灵培育。只有纯粹的法,才能吸引世界各地的西方人来他的寺庙修行。

在大约七百名西方人中,我是唯一一位泰国南传

苦才是奇迹
the Miracle of Suffering

佛教僧人。释一行是一位身穿深褐色僧衣的越南禅师，我是唯一穿着橘黄僧袍的僧人。在和这些西方人禅修两周内，有些人过来要和我合影。由于我的僧袍颜色明亮，他们叫我"颜明和尚"，无论我走到哪里，都很容易被发现。在行禅时，我和一行禅师都走在前头；祈祷时，我们也是坐在前排，七百人都围坐在我们四周。他们行禅走在我身后，是因为这样容易跟上前面穿橘黄色僧衣的我。

我在禅修时，不断地告诉自己这是真正的佛法，具有真正的魅力。在和外国人禅修时，我回想起自己的祖国——泰国。那里是否有如此众多的人像这样对法感兴趣呢？如果僧人只教导佛法，而不发放护身符或纪念品，人们是否还会对此有兴趣？这是我心里一直在想的事。

我心里还想着另一件难以置信的事：一个流亡的僧人，曾无片甲立足之地，更不用说居住，现在却一跃成为具有巨大吸引力的人，吸引全世界的人来他这里学习。值得注意的是，他是诺贝尔和平奖的主要候

第一部分
对痛苦说谢谢

选人之一。他现在回到自己的国家,就像那些政治家一样受欢迎。在世界巡回演讲,他都受到社会名流般的待遇。他创办的禅修中心遍及世界各地,他写的书都成为国际畅销书。

问题是:为什么一个到处遭受迫害、打击而陷入痛苦深渊的人,竟然在后来成为一位有魅力的快乐大师?他现已是八十三岁高龄,仍然精神矍铄,洋溢着快乐。有一天,我们共同主持法会的开幕式,戒坛搭建得很高。我坐在前面,看到他走来,就他的年纪来说,步履矫健,很有活力。他走上戒坛,我以为他会坐下来说法,结果他一直站着讲完。他开始以惊人的活力带领我们禅修,我跟着他的教导来做。他要我们站起来,举起双手,我们便站起来,举着双手。他弯腰能触到他的脚趾,而我却做不到。我只有三十六岁,却不能触及自己的脚趾,而他八十三岁却轻易做到,真是不可思议。

苦才是奇迹
the Miracle of Suffering

一个有正念的人是明智的

很明显，他已照顾好自己的身体。他不仅身强体健，而且学识渊博。我一直在那儿，但从未见到他失去正念的克制。有一天，我们在外面行禅，突然下起了倾盆大雨。他立即开始跑动。任何一个有正念的人都知道怎么躲雨，而不是被雨浇得湿漉漉的，一动也不动。年届八十三，他还能跑得那么快。他说，一个有正念的人必须很明智，知道在雨天或晴天保持身体完好。

这件事使我想起泰国佛教大师阿姜查（Chah Subhaddo）的明智之举。事情经过是这样的：阿姜查步行去监看寺中的房舍，结果看到一间茅屋，又破又旧，而且年久失修。屋中住着一个比丘，正在打坐。

阿姜查问："为什么你不修修屋顶？""尊者，这样已经很好。即使屋顶全是洞眼，无论阴晴，我都不在乎，我能忍受，我正在修忍辱。"

第一部分
对痛苦说谢谢

阿姜查以敏锐的智慧呵斥他:"屋顶需要修时,你却不修。如此修忍辱,怕是连牛都打不动。只有牛每天才不顾晴天和雨天。"

说完,他扬长而去。这个教导既深刻又敏锐。它告诉我们:在法的道路上修行,不能抱着愚昧的天真,而应以智慧修忍辱。

 **5 痛苦是快乐的种子**

一行禅师是代表极端痛苦与困难的一种特定象征。他过去流亡各地，无寸土居留，然而现在是世界引人注目的重要人物。不可否认的是，他今天取得的成功，是因为过去痛苦所起到的巨大作用。没有这些深重的苦难，他怎么会到世界各地巡讲？没有痛苦，他怎么会理解全世界的受苦者？没有痛苦，他怎么会成功地捍卫世界和平？没有痛苦，他怎么会对佛法有如此深邃的洞察？

痛苦是快乐的种子，也是成功的种子，它是我们

第一部分
对痛苦说谢谢

生活中所有美好事物的种子。这些都是痛苦带来的好处和作用，佛陀在教义上把它阐述为四圣谛。他说："诸比丘，包含四条真理的圣谛名为四圣谛。"在大多数开示时，僧人们都会说四圣谛包括：

1. 苦谛（痛苦）
2. 集谛（痛苦的原因）
3. 灭谛（痛苦的止息）
4. 道谛（止息痛苦的道路）

这一说法严格来说并不完善，因为它漏失了某种见地。每当佛陀说法时，他还说到痛苦是神圣的真理。

我想请你一起来察看神圣的痛苦。当我们痛苦时，我们会感到痛苦是神圣的吗？无论你在痛苦中感受到什么，你一辈子都想摆脱痛苦。你还会再回到痛苦上吗？你曾经在痛苦中哭过吗？不论是什么使你痛苦得流泪，你都想尽快忘记痛苦，不想再经历痛苦了。

如果你问佛陀对痛苦抱持什么态度，他可能会微笑着说，痛苦是神奇的，痛苦真是太棒了。如果你问

苦才是奇迹
the Miracle of Suffering

他对快乐是什么态度,他可能会说快乐真是太棒了。因为当你快乐时,你会得意忘形。特别成功的人都容易掉以轻心,反而深陷痛苦深渊的人,一旦从痛苦出来,便能扶摇直上,取得成功。

因此,对佛教徒来说,痛苦并不是令人厌恶的、使人害怕的或讨厌的。事实上,痛苦是可以接纳的,应予以尽可能的照顾;痛苦是应该受到感激的,它就像一位应受到最高尊敬的伟大导师。

一般痛苦是小学老师,严重痛苦是中学老师,悲惨的苦难是大学讲师,而自杀性的痛苦则是知识渊博的教授。

你曾经遭受过上面讲的种种痛苦吗?

因此,在佛教上,痛苦是快乐之门。哪里有痛苦,哪里就有快乐。佛陀说:"苦是真正神圣的、真正神奇的。"这就是痛苦的本质和益处。因此,当你遭受痛苦,你只要想到手中有个橘子,剥开它,你就会找到藏于其中等你来吃的美味橘肉。

佛陀说,经常会有敌人假扮成朋友,反之,也有

第一部分
对痛苦说谢谢

朋友假扮成敌人。痛苦也是如此，它需要有识别力的人去发现并从苦中得到益处。没有识别力的人无法看到痛苦，因此在痛苦时会变得更加痛苦。有识别力的人会在苦中见到真理，因此痛苦会自动转变成快乐。如果以这种观点和态度来修行，你就会看到痛苦是神圣的。

一行禅师之所以成为世界顶尖的精神领袖，是因为他一生遭受最深重的痛苦。他曾被越南当局悬赏大笔奖金捉拿，他幸运地及时逃脱。你是否看到痛苦在我们心中如何积聚，最后化成快乐？因为痛苦的存在，他发现了深奥的佛法，并一直向整个世界诠释痛苦。

在和他相处的日子，我问自己：这是一个深受痛苦的人吗？这是一个头悬赏金的人吗？这是一个没有国家可去的人吗？为什么他能散发出喜悦的光芒？他的眼睛闪耀着慈悲和慈爱。他的每一个动作都充满着正念，使人一直觉得面前有一个洋溢着快乐的人正在走过。一个快乐的人在你面前生活，他默默地散发快乐。走近他，便立刻知道这是一种快乐的流动。

苦才是奇迹
the Miracle of Suffering

你曾见过一个像他这样被视为快乐流动体的人吗？我们在街上见到的行人大多是不快乐的流动体。我们什么时候能把自己变成像一行禅师那样的快乐流动体？只有我们抓住藏于所经历的痛苦之中的快乐，我们才能进入这种状态。只要把痛苦当作我们的老师，我们就不再憎恨或害怕或逃避痛苦。

6 将痛苦转变为快乐

如果你不害怕痛苦,那这个世界还有什么会令你害怕的呢?没有什么可害怕的,不是吗?因此你痛苦时,只要对自己说:"快乐已在路上。"你经历的痛苦肯定有很多种,比如外在的艰难痛苦——无家可归、饥饿、不公平、贫穷、缺乏教育等,以及人的内在心灵痛苦。

因此,切莫去问世上痛苦是否藏有快乐的因子。这和身体之痛褪去或消失带来快乐一样明显。因而,

苦才是奇迹
the Miracle of Suffering

你必须学会以足够的洞察力看透痛苦，看看它有多么神圣。如果你抱持这种态度，你就会禁不住要对痛苦说谢谢。如果是碰到使你泪流的深痛，只要提醒自己痛苦是神圣的，你就会感到好受些。当痛苦使你哭泣，你不妨站起身来，去淋浴、梳洗打扮（穿戴整齐），卑躬屈膝地遵从痛苦。此时，你会感到苦的滋味是那么怡人，禁不住想对它说谢谢。

逃离自杀带来的痛苦是完全没有必要的。死亡是人们认为理所当然要发生的事。死亡是无缘无故的事，人最终都会死亡的。没有必要去结束自己的生命。只要活着，将来就会死去。因此，不管遭受多大的痛苦，站起来去与它搏斗，一直战斗到底。如果你不能战胜它，它就会战胜你。如果你没有走投无路，它就会陷入困境。对待痛苦莫过如此。只要好好抗争，通常都会胜出。令人惊奇的是，胜出的比率会达到99.99%。然而，不战而屈服的人，一开始就被彻底战败。

下面我举一个名人战胜痛苦的例子。你若是去过碧武里府，可能会想起一种名为椰蛋奶糕的甜点。碧

第一部分
对痛苦说谢谢

武里著名的椰蛋奶糕品牌是 Mae Kimlai 牌。另有几个类似的仿制品牌，如 Mae Kimlunk，Mae Kimleow，Mae Kim。

不管是哪一种甜点，几乎都无法打败最早的 Mae Kimlai 牌甜点。这种甜点闻名全国之前，最早是在家庭制作和售卖的。有一天，该府首长和红十字会会长买了一些送给国王，没想到，路边的甜食竟然成了国王喜欢的甜点。现在 Mae Kimlai 牌甜点平均每天销售一千份。金姆莱（Kimlai）已成为府里受人尊敬的人。她是怎么达到现在这种地位的呢？她也有神圣的痛苦，应给予感激的。

金姆莱出生于碧武里府的一个富有家庭。她家是做渔业生意的。她是一个渔业富商的女儿，有好几个兄弟姊妹。她爱上一名普通警察。在结婚那天，她娘家的人来祝福他们。她哥哥对她说："你为什么不挑个更好的人呢？至少也得挑个上尉、少校或上校吧，他们更有发展前途。你却选一个准下士，和他在一起，你这辈子怕是连一万泰铢钱也见不到。"对她来说，这话就像一支苦箭刺穿她的心。她不记得那些人来参加婚礼以及他们所给的祝福。只有她哥哥这句侮辱的话在她耳畔回响，仿佛柱形纪念碑底座重重地压在她的心上。她哥哥之所以说她这辈子绝不会看到一万泰铢的钱，是因为她嫁给了一个穷困潦倒、地位低下的警察。

她和丈夫生下一个孩子，孩子出生那天，金姆莱就在她生活的大地前立下誓言："亲爱的大地之母，无论你在哪里，请照看我的苦难。如果你能显灵的话，请见证我的誓言——我要通过终生努力奋斗，不仅看到手上有一万泰铢的钱，而且我还要赚到一百万，甚至更多。"说完这番话，她把水倒到地上，以示宣布她要终生独立自主。她宣布要从悲痛中独立出来，将她哥哥刺耳的话化作热情的鼓励。具有这种决心之后，她移除受辱的基石，调整心态，抱持不屈不挠的抗争精神。

请注意成功人士在遇到大小障碍时是如何应对的。佛陀在证悟之前，魔罗（Lord Mara）派一支军队去阻

第一部分
对痛苦说谢谢

止他。当一个人快要成功时,各种障碍会自动显现,你不觉得奇怪吗?古语预示当事人在结婚、升学、乔迁之前都不睡觉,因为魔罗一定会在大事前夕出现。有一次,一位即将出家的人在受戒前被杀。有时,新娘或新郎在婚前因车祸身亡。某个业主在乔迁宴席前中弹毙命,还有学生在毕业前和朋友打斗被刺致死。这些事情离奇古怪、无法解释,但老人和智者都信以为真。因此有一条古训流传至今,就是在人生新的阶段前应保持醒觉。

为什么要这样呢?因为这是在善与恶的斗争中要保持的一种存在状态。恶的力量不会让你成功,而善的力量却给你鼓励。正如佛陀在证悟之前,魔罗(恶)大批涌现。仅仅一个魔罗无法打败佛陀,因此他们集结军队而来。

金姆莱发誓表明决心之后,人生的苦难也接踵而至。这些苦难每一个都露出本来面目。她和丈夫租了一个住的地方,每月四十泰铢。为了赚够租金,两人都劳累至极。她穷得响当当,甚至都不敢用力摇一下婴儿床，以免棚屋的柱子会被震得坍塌。她的生活何其艰辛，几乎都吃不饱。

有一天，邻居送来一些香蕉。她用香蕉做了一些甜食，给丈夫和孩子吃。她做了好几盘，发现味道很不错。她送些给邻居吃，他们都说她的手艺不错，都要她做些去卖。因此，她开始买香蕉来做甜点。她做的甜食确实味道很好，以致每天都销售一空。她开始做家庭自制甜点生意，并开了一家食品店。

爱吃她做的点心的老顾客经常光顾她的店，Mae Kimlai 牌甜点大受欢迎，声名远播。通过口耳相传，金姆莱最终因为她的椰蛋奶糕一举成名。她从小摊生意到开店，再到建立商业中心，为开车过路者及旅客提供方便。只要经过考旺（Khao Wang）路，就会发现卖椰蛋奶糕的店铺林立。

有一天，该府首长告诉她送些产品参加甜点大赛，结果她送来的甜点获得一等奖。首长和红十字会会长将获奖的产品呈献给国王品尝。

自从 Mae Kimlai 牌甜点进入皇宫，消息传播得更

第一部分
对痛苦说谢谢

快、更广了。现在的销售,从原先每天一两份,到现在平均每天一千份。她已将生意覆盖全府,以便照顾她的孩子和家庭,还将产品销往全国。现在,只要经过碧武里的人,都会停下来买椰蛋奶糕,把它当礼品送给亲戚朋友。毕竟它是碧武里的名牌产品。

金姆莱总是说:"我的人生不幸,就是未能看到一万泰铢或十万泰铢地增加。我是直接绕过一万或十万,而跃升到手中拥有数百万泰铢。"你要是见到金姆莱,便会发觉她最醒目耀眼的地方就是她常戴金项链,那表明她现在已从贫穷、痛苦、屈辱中走出。她哥哥的诅咒在她身上没有实现。她仍然记得她哥哥说过的话:"有很多好男人——上尉、少校和上校,但为什么你偏偏嫁给一个准下士。"他还说她这辈子连一万泰铢钱也见不着。她把这些话牢牢地记在心里,并努力奋斗。

我们现在看到她的事业取得辉煌的成就。Mae Kim-lai 牌椰蛋奶糕成为泰国著名的甜食品牌。如果没有神圣的痛苦,她怎么可能会有如此大的成就。痛苦之中,总是潜藏着即将出现的快乐。

7 因为苦，人生才美好

快乐本身就在痛苦之中，痛苦也会结出快乐的种子。因此，不论什么时候遭受痛苦，你都必须努力向前，对你的痛苦表示敬意。试着对你的痛苦表示尊敬，并对它说谢谢，你就会发现人生是多么美好。

去年五月，我去澳大利亚做佛法讲座。在此期间，大使馆的一名官员带我去环游城市。城市周围的山上长满了桉树。桉树是一种很独特的树种，它会结出果实。由于果实外壳坚硬，在成熟后掉落在地上，遇到

第一部分
对痛苦说谢谢

森林大火,它的硬壳就会绽开。等到雨天,绽开的果实长出新芽,郁郁葱葱,花朵开满整座山。

人类有时也像桉树果实,需要痛苦之火燃烧,以便快乐的果肉绽开出来。因此,当被痛苦之火燃烧,你就想象自己是一枚桉树结出的果实。痛苦之火之所以燃烧你,是为了去除你的硬壳,让你的真性得以显现。

如果认定痛苦不久之后就会变成快乐,你就不会害怕痛苦。当痛苦来临,你对它表示敬意,微笑着去拥抱它。如果遭受了严重的痛苦,你就想象它是学识渊博的教授,正向你走来。这么一想,你就不会在痛苦溜进来时大吵大闹、发脾气、惹事生非,也不会感到受伤害,去自我虐待、自杀或杀人,更不会伤心绝望、灰心丧气。

有一个女人读过我写的很多佛法书。她在电视看到我时,就表示要皈依我。她的丈夫说:"你一定是疯了。"不过她对丈夫的话没有理会。她发愿要在这一生的某个时间见我。终于,她在某个地方的佛法讲堂见

苦才是奇迹
the Miracle of Suffering

到了我。她一见到我，就开始哭个不停。我问她为什么哭得这么伤心，她说她曾经以为见不到我就会死去，如今见到我倍感兴奋激动。她在电视看到我时，就发愿这辈子要见我一面，如今她如愿以偿。她开始向我倾诉她一直遭受的极度痛苦。

她因身患椎间盘突出而痛苦不堪。没得过这种病的人可能不会理解患病的痛苦有多深。他们说椎间盘突出之痛不亚于癌症之痛。它是一种不治之症，即使动手术也无法治愈。如果治疗不当，就会导致永久瘫痪。

这个女人遭受了接近死亡的痛苦。由于不能容忍她巨大的痛苦，她的前夫离开了她。在他离开之前，他说："我娶你时，你是天下最漂亮的女人，万般恩宠集于一身。但之后你一直疾病缠身，我觉得你不是我要的那个女人。结果，我娶到手的是一堆疾病，而不是一堆幸福。特别是这种恶性疾病，如果这样下去，你知道我与你在一起会浪费多少年光阴吗？"她的前夫当着她的面说完这些话后，就再也没有回来。

第一部分
对痛苦说谢谢

你觉得这个女人受苦了吗？当然，她遭受很多痛苦。由于陷入痛苦的深渊，她决定悬梁自尽。就在她快要自尽那天，她的妈妈来看她。她妈妈之前没想要来看她，而是突然而来的。就在女儿决定离开人世之日，她从内地赶来探望。她走到女儿的房子前，周围静悄悄，没有狗吠，也没有猫叫，她感到女儿出事了。她急忙推开门，冲了进去，发现女儿把自己的头套在绳索上。女儿泪流满面，在最后决定离去时回想起父母的容貌，自言自语道："我这一生有太多的痛苦与磨难。我对你们的恩德今生无以回报。现在这种巨痛降临到我们身上，如果有来生，我一定要报答你们。"说到这，她妈妈突然出现在她面前，打断了她的话。她妈妈冲过去扶住她，解开绳索，默然不语，不停地轻拍她的头。她女儿哭得稀里哗啦的，像水管爆裂开来。她女儿静静地坐在原地大约一个小时，之后她妈妈将她扶起来，给她喂了些吃的。

她妈妈问她为什么积累了如此多的苦痛。她说："我嫁给他，是希望我们一起开创未来，将来生个孩子,但现实并不是我所想象的。他不是一个让我可以寄托希望的人,而是一个完全自私的人。我遭受严重痛苦时,他不仅不关心我,反而当着我的面说我不关心他,说完便离我而去。"

她妈妈说了些宽心的话安慰她:"我的好孩子,我会陪伴着你。你现在才不过三十几岁,搬来和我一块住吧,今天就搬,马上就搬,好吗?"

女儿问:"那这个房子怎么办呢?"

她妈妈说:"这个房子里没有快乐,你怎么能把它弄成一个家啊?跟我走吧,我的房子就是你的家。"

她从箱子里挑了几件最珍贵的物品,跟随妈妈离开这所房子,至今再也没有回来过这里。

现在这位女士在经营一所温泉疗养院,带领侨民学习瑜伽,不过她没有泰国的客人。通过禅修和瑜伽,她疗愈了自己的身体,甚至椎间盘突出也完全消失了。她先是去印度学习了瑜伽,而后开了温泉疗养院,顺便教些瑜伽课。她现在很忙,很少在国内待,因为外国顾客经常请她去上课。她后来嫁给了一个西方人,

第一部分
对痛苦说谢谢

他们生了几个令人羡慕的孩子,享受着事业成功带来的快乐。后来她看到我在电视上宣讲痛苦的好处,她发愿要见我本人,即使我根本不认识她。

她说:"尊者,您做的演讲开示仿佛穿透我的心。如果我没有患椎间盘突出,如果前夫没有弃我而去,如果我没有痛苦到结束自己的生命,我可能就不会找到生命的出路。正因为这些巨大的痛苦,我才能站起来,努力战胜一切困难,这种努力奋斗给了我无比的快乐。我要珍惜现在的生活,感谢尊者给我的智慧。"

我告诉她:"如果你感谢我,最好还是感谢我的老师吧。"她问我的老师是谁。我笑着对她说,当然是释迦佛祖了。他是我至高无上的老师,就是因为他的教导,我们才能知道痛苦是神圣的真理(苦圣谛)。

世上很多人逃脱了痛苦的轮回,因为他们都知道痛苦是通向快乐的途径。快乐潜藏在痛苦之中,痛苦是快乐的种子。痛苦会开花,然后结出快乐的果实。我们生于这个世界,就应善于全面了解人世的苦难。

智者经常思考为何婴儿降临人世会啼哭。婴儿从

苦才是奇迹
the Miracle of Suffering

母亲肚子里生出，便大声啼哭，这就是痛苦的标志。出生本身会经历诸多痛苦，婴儿必须通过哭喊把这种痛苦传递出来。人类不喜欢出生带来的痛苦，婴儿的哭喊示现了伟大的真理。婴儿啼哭表示受到痛苦，但这是一条崇高的真理。大多数人都设法尽快停止哭泣，但这种做法隐藏了哭喊示现的真理。

你给朋友打电话，会说："你好，你过得怎么样？一切都还好吗？"如果朋友说："挺好的，我刚从欧洲回来。"没过多久，你就挂了电话。但是如果那个人给你打电话，你说："我过得不好，我很痛苦，我全身都发痛。老板随时都会解雇我。"对方就会认真听着，并和你交谈，替你分担。

这就是说，如果你和身处痛苦的人在一起，你就会有很多话想说，想一起分享，以及给予同情和理解。你会感到你们同病相怜，对他人感同身受。另一方面，如果你和一个非常成功、有成就的人谈话，你就会和他没法分享类似的经验，就会马上想离开。人性就是如此。

8 痛苦时，朋友的帮助很重要

人们有时候喜欢去陪伴痛苦的人，聆听他们的苦衷，然后安慰自己："他们的境遇和我们一样悲惨。"人们通常聆听和自己境遇相同的人诉说的痛苦，除此无他。

一天，我给小学几个老同学打电话，请他们来参加我家乡的宗教慈善会。在和他们几个确定好后，我问另一个女熟人是否愿意过来参加授袍仪式。如果她能来，我就可以见到所有的同学了。如果她没有其他

苦才是奇迹
the Miracle of Suffering

事，能来当然好。她说："你上次打电话给我有多久了？你是不是孤独寂寞了啊？"事情的经过就是这样。这位老朋友认为我打电话给她是有个人问题。我告诉她我不孤独。自从出家以来我从未感到孤独。如果感到孤独，我怎么可能坚持这么久呢？我有一个同学，她的儿子已上六年级，我一直过着僧侣生活。我问她生活过得如何，她说自己若是个男人早就出家修行了。和她谈了一会儿，我了解到她的烦恼很大。她已结婚，婚后不久发现丈夫和另外一个女人有外遇。难道她不会为此痛苦吗？她的痛苦没法说出来，因为她丈夫是位政界要人的儿子，影响力很大。这对她来说是真的痛苦。

我给她提了点建议，痛苦中总是隐藏着快乐。只要对痛苦沉思默想，智慧就会生起。她的确去深思自己的困境，分析痛苦的原因。最终，她决定和丈夫分手。她说："如果我不在我爱的人心中，即使躺在舒适与财富的怀抱，又有什么意义呢？"最后她摆脱痛苦，重新过上快乐的生活。她承受这种痛苦差不多有五年

第一部分
对痛苦说谢谢

了。只要她从痛苦中抽身而出，她就能重建自己的生活。如今她是一位靠白手起家的女商人。你明白世界为何充满同病相怜的人吗？

如果遭受痛苦而没有好朋友相助，就可能会陷入无边的痛苦之中。有时痛苦会将人压倒，甚至置人于死地。然而，如果有好友的指导，让你明白快乐的重要性，你就会容易从痛苦中解脱。我在此重申我之前说过的神圣的痛苦。只有看到痛苦并得到好友的指导，痛苦才会是神圣的。好朋友会指导你从痛苦中找到快乐。

你可能直接得到父母、老师和朋友的指导，也可能间接得到他们的帮助。然而，如果你自己看到痛苦，你就获得一种自证的智慧见地。

我再讲一个大企业家的故事，他遭受1997年金融危机的重创，一时之间就损失十几亿泰铢。他遭受的痛苦非常巨大。对于像我们这样的普通人，损失一千泰铢就惊慌失措。但是损失十几亿，给他带来的痛苦不可想象、难以估量。他没有得到好的指点，精神陷

苦才是奇迹
the Miracle of Suffering

于崩溃,连续数日茶饭不思。他不修边幅地活在绝望之中,头发长而蓬乱。他只待在家中,不愿出去见人。他的妻子和孩子守护着他,担心他会自杀,同时试着帮他从痛苦中走出。后来,他承认自己想过自杀。

他的妻子和孩子也因他而痛苦。一天,她向她丈夫的一个朋友吐露心中的悲苦,因为自从得知金融灾难那天起他就闭门不出。他妻子打电话请求这位朋友帮忙。他来到他们家,和这个家伙一起吃饭。他问:"我听说你心灰意冷,想要自杀。我来问你一个问题。我们人最害怕的事情是什么?"

这个家伙对他说:"死亡。"

"而你却想剥夺自己的生命。"

他点了点头。他的朋友继续问:"那么,你不怕死了?"

他说:"我不怕。"然后他朋友说:"你死都不怕,为什么还怕债务缠身?"

听到这句,他仿佛被电击过,终于醒悟过来。朋友走后,他冲进浴室,梳洗打扮,穿戴整齐,开车出

第一部分
对痛苦说谢谢

去理了个发。第二天，他醒来，淋浴后像以前那样穿上西服，打上领带。他走进银行，申请破产。如今，他将一切逆转过来，重新获得财富，成为和过去一样体面的亿万富翁。我一说出他的名字，你们都知道他。他的名字几乎每天都出现在各大报纸上。

你明白神圣的痛苦是什么了吗？当你站起来战斗，你肯定会找到出路，你还会找到光明。痛苦之所以神圣，表现在两个方面：（1）它是正确的指导；（2）它是自证的智慧（yonisomanasikara）。

因此，我们来记住一句真言："哪里有痛苦，哪里有佛法。"随着痛苦之风的吹拂，佛法之光才得以闪耀。你可以不断地提醒自己：无论痛苦什么时候造访你，佛陀都会在路上陪伴你。当你遭受最深重的痛苦时，务必告诉自己：佛陀最终会来解救你。他来时的路上需要一些时间。几天前，你派人去请阿难尊者，你见到阿难尊者，瞥见一点亮光，但未从痛苦中出来。舍利弗尊者来了，你看见一道更明亮的光。但你从痛苦中解脱出来的那天，正是佛陀造访你的日子。因此，

苦才是奇迹
the Miracle of Suffering

哪里有痛苦，佛陀就在哪里。如果你这样看痛苦，就没有什么好害怕的。如果你不怕痛苦，更没有什么可怕的。

因此，从现在起，我们以清醒的觉知，快乐地安住于痛苦中，把痛苦视为一笔应偿还的感激债。处于痛苦中，以正念觉知痛苦是有益的；处于痛苦中，以正念觉知痛苦会转变成快乐。最重要的是，处于痛苦中，以正念觉知痛苦本身是我们至高无上的老师，即佛陀本人。痛苦来到我们身边，会引领我们走出痛苦，找到真正的快乐。

第二部分

以微笑拥抱快乐

我们人生中所经历的快乐好比是一级级的梯子横档。这种快乐不是最终的目标,梯子只是起连接作用的工具。真正的快乐是自由解脱,没有痛苦。这就是真正快乐的本质。

保持快乐的四种方法

既然你知道痛苦是引领你到达快乐的真谛,那么我向你推荐几种通向快乐的实用方法。有了这些方法,你在痛苦到来之前就知道怎么应对了。

许多人认为有钱就有快乐。据我所见,一个拥有数亿泰铢的人也有很多痛苦。南邦府的一个农民中了政府彩票的一等奖。他上了各大报纸的头版头条。他购买了彩票,藏得严严实实的,从没告诉任何人。他仍然像往常一样去放养水牛,那天晚上回到家里,他

苦才是奇迹
the Miracle of Suffering

知道他中了 5200 万。他一连三天都没说过话，生怕别人知道，他不知道怎么处理这么多的钱。最后，他去兑换他的奖金。六个月后，他的亲戚送他到医院洗胃，因为他摄入过量的药物。为什么他试图自杀呢？那是因为他不知道怎么使用这些钱，而且很多人都来向他要钱，这对他来说是件头痛的事。

我们经常向人祝福："愿你发大财，更加幸福！"这种祝福并不总是有用。可能是，钱越多，痛苦也就越多。

清孔区有一位 94 岁的老奶奶。这么大年纪，她仍有满口健全的牙齿、稀疏的银发、很好的视力。她口齿清晰，记忆力也很好。她见证了五届政府的更迭，她能准确唱国歌，还能回答过去所经历的问题。

我问她是什么使她这么快乐。

她说："我一直劳动。我的孩子和孙子都是军人和警察。他们都很富裕。他们经常给我钱，但我的快乐并不是因为有钱，而是因为我很充实，从未停止劳动。我很早起床，拿着把刀去菜园里料理一番，除去杂草，

第二部分
以微笑拥抱快乐

种上些蔬菜。我每天都是这样。我种的菜从来不卖,除了给家里人吃外,如果有富余,就送给邻居们。"

她每天都在不断地做着她喜欢的事。去菜园干活成了她的习惯。她侍弄着菜园,除除草,看看鸟儿,从未停下,从未间断,日复一日,年复一年。她就是这么快乐地生活着。

我想这是一个快乐的老人,因为她的心被快乐占据。她享受劳动的乐趣,身体与心灵合而为一。她的心灵充满工作,并对工作满足。如果你让心灵漫游,无拘无束,它就会找他人的岔子。它还会不断地批评一切,认为他人都不够好。坐下来无所事事,即使一只狗或猫经过,你也会把它当作出气筒。像这样过着空虚的生活,无所事事,只看看电视打发时间,你就会对世界的一切评头论足,包括对现在的商业广告等等的评价。当你的生活如此空空如也,你的心就会漫无目的、失去控制。这就是一种自我强加的痛苦,即所谓的不满足。你给自己和周边的人制造痛苦。

对于一个僧人,如果有太多自由自在的时间,并且心如野马,他很快就会要求还俗。我出家十九年了,至今都没有时间让我的心无效地发展,自我约束让我忙碌和快乐。

下面是让人快乐起来的四种方法:

1. 不要自寻烦恼
2. 寻找正确的快乐
3. 即使对正确的快乐,也不要执著
4. 培育心灵,脱离痛苦

② 不要自寻烦恼

你不可制造一些不必要的烦恼来压制自己。人们通常喜欢固定的生活状态。只要他们的心闲下来,他们就会对自己所见到的、听到的和已做的事情表示不满。即使没有见到,也要寻找烦恼。因此,他们的心里承载着过量的精神包袱。

最近,我见到了一个病人,他得了肠癌。由于癌症已从肠道蔓延到喉咙,他无法讲话,而且眼睛弱视。他早就想皈依三宝,于是请了我去。我见到他时,心

苦才是奇迹
the Miracle of Suffering

里就想：要是他身体很好，他就不会想到皈依三宝。但现在他说不了话，却想到要皈依。现在不管我问他什么，他都不能回答。

另一个人比这个人更痛苦。我在医院里见到他，他想供养食物来做功德。我看到他坐在床上，他的儿子端着一碗米饭，递给他一把勺子。他想拿勺子舀米饭到我的钵里，但勺子从他手中滑落。他惊恐万状，泪流满面，对他的儿子说："我业障深重，即使我供养食物给僧人，护法神也甩开我的手。"

我们可以看到，他有能力去供养的时候，却没有供养；现在想要去供养，可偏偏手晃动，拿不住勺子，并且后悔自己造的业。他身体好的时候，为什么不去行善积德？他只不过是寻找其他的烦恼罢了。现在他的身体在恶化，却想要见到圣者。即使圣者，也会因为他之前没做过善事，可能不想见他。他只想在遭到报应时去做功德，圣者怎么知道他想要什么。

第一个人一生中犯的错误就是他违犯五戒中的"不饮酒戒"。他嗜酒如命，使自己遭受沉重的痛苦。

第二部分
以微笑拥抱快乐

他喝威士忌就像喝水一样，我小时候就见他这样喝。现在他六十岁，仍然喝得很厉害，好像他的喉咙是铜做的（这就是我们为什么称嗜酒如命者为铜喉。铜喉是什么意思呢？铜铸成的佛像，不会在水中分解，而陶土制成的器皿就会融于水。任凭日晒风吹雨打，铜都不会融化，它的耐久性好比是饮酒过度者的铜喉。威士忌是烈性酒，喝进肚里如火燃烧）。他喝了五六十年，虽然喉咙完好无损，但肠道的软组织却已受到破坏。

他的孩子曾经警告过他不要再喝了："最好当心你的肝变硬（也就是肝硬化）。"

他则不以为然，开玩笑说："越硬，越好。"他说这话时身体还好好的，现在到癌症晚期，他哑口无言了。

由于癌症已侵蚀他的肠道，蔓延到他的喉咙，导致视力下降，说话障碍，他才想到要皈依三宝。我问他："喝酒会使你很快乐吗？"

他不能言语，他妻子代他说："如果不能使他快

苦才是奇迹
the Miracle of Suffering

乐，他就不会喝到六十岁了。"

当然，这对大多数人来说，也是一种快乐，但这种快乐是和痛苦交织在一起的。这就是我们所说的"苦乐参半"。

虽然他从表面上来看是暂时快乐，但从长远来说，却把他拖入痛苦的深渊。它的损害性会经过一段时间才能显现出来。缓慢燃烧的火同样需要时间才能变成熊熊大火。

沉溺于一时之乐，却长期遭受痛苦的影响。仅仅在他得了癌症，他才醒悟过来，真是枉费心机。他一开始就已在承受这种痛苦，只是他全然不知。

喝酒，就像吸烟等其他不良嗜好一样让人上瘾。那些抽得手指和牙齿都发黄的烟民，虽然在吸烟时得到很多快乐，但是因患病而受到的折磨却大得惊人。大多数人都只顾眼前的快乐，而不考虑以后的结果。

佛陀说："不要将烦恼加在原本无忧的自身上。"人体需要的基本营养就是由五大营养物组成的食物。大多数饥饿被满足的人不会对食物有什么兴趣，他们

第二部分
以微笑拥抱快乐

会寻求其他物品,比如烟酒,以便从中找到快乐。这种快乐不是最终的快乐,它只是一种伪装的痛苦,一种终于吸引你的潜在痛苦。如果你过的是这样的生活,就必须问问自己:"你将烦恼加在自己身上了吗?"

3 寻找正确的快乐

接下来,就是寻找一种正确的快乐。正确的快乐必定是一种精神上的快乐。

我曾经参加过一个府的僧团座谈会。当我们激烈讨论一些严肃的问题时,一名老和尚叫我们休息一下,因为我们已开了一个小时。会议主持同意暂停休息。

一停下来休息,和尚们走出会议室,成群结队聚在一起。我注意到有一个独特的群体,僧人和专职司机聚在一块,我挤进去看个究竟。这一群人正中间放

第二部分
以微笑拥抱快乐

着一台微型无线电广播。一名僧人拿着一张有很多序列号码的纸片。当无线电播出"中奖号码是……"有一个僧人焦躁不安地挥着双手。他急忙记下公布的号码,希望记下的号码和名单上的号码对上。我同情地看着他们。

对许多泰国人来说,最快乐的日子是每月一日和十六日。有些人也可能会说他们最快乐的日子是周六和周日,因为泰国电视三频道和七频道现场直播拉差达慕(Ratchadamneon)泰拳馆的拳击比赛。这也是一种不正确的快乐。看比赛时的极度兴奋,转眼就会化为悲苦。这就像喜欢吃鱼的人在吃鱼时快乐,随后被鱼刺卡住喉咙感到不舒服一样,快乐迅即变成痛苦。如果在不恰当的地方寻找快乐,就会找到不正确的快乐。寻找快乐的方法不对,你就会一直受伤害。

正确的快乐符合以下三个条件:

1. 不能违背五戒

2. 不能建立在别人的痛苦之上

3. 不能侵犯他人的快乐

如果你能做到以上三点，你就拥有真正的快乐，就能找到正确的快乐。最好的一种快乐就是心灵修养、正念修习与禅修。从世俗的观点来讲，人能从施舍中找到正确的快乐。例如在新年时你回家探望父母，给他们买些衣服。

即使已出家，我也每年给父亲买衣服。我妈活着的时候，我给她买过圆筒裙。她去世那天，我梦见她穿着我送给她的圆筒裙。每次想到这件事，总是让我快乐。她已去世，我没法再孝顺她，但她走的那天却穿着她儿子给她买的衣服。只要想到你为父母做的好事，你就能使自己快乐起来。这种快乐才是正确的快乐。

无需花很多钱，你就能拥有正确的快乐。无私的施舍也是一种正确的快乐，下面我举一个例子来说明。泰国国王就是一位无私的布施者。你以前肯定吃过罗非炸鱼，你知道它的来历吗？

第二部分
以微笑拥抱快乐

日本皇太子曾经赠送泰国国王大约 500 条罗非鱼。这些鱼从未被用飞机空运出国过，结果遭受晕机之苦，死伤大半，所剩为数不多存活下来。国王将鱼儿放到奇托拉达宫（Chitralada）池塘繁殖，重新取名为 Pla-mo-tet。剩存的鱼不断繁殖，被一批批送到泰国农村地区。

经过三十年到四十年，现在我们有大量的罗非鱼。有些人以此为生，因繁殖这种鱼获得可观的收入。但是没多少人知道遍布全国的这种鱼，竟然是国王陛下无私施舍给泰国平民百姓的。

4 即使对正确的快乐,也不要执著

有些人做善事很快乐,但是执著这些良善的行为,比如布施财物或捐钱给寺庙,他们就等着方丈住持们公布他们的名字。他们听到自己被公布捐了一万或十万香火钱,就很高兴,但若是公布的数目和他们捐的对不上,他们可能会把捐出的钱要回来。

我曾经把一位法会的功德主的官衔念错了,他实际上是一等校尉,但是发言稿上写成二等校尉。我在播音室宣布时,听不到室外发生的事情。"二等校尉"

第二部分
以微笑拥抱快乐

这几个字一念出口，他就径直去找寺院住持，询问为什么把他降级了。他之所以出来澄清，仅仅是因为他的名誉受到损害。这说明他行善事是为了得到快乐，做功德是为了增加名誉。做功德并执著于做功德，行善却图名声，这种做法不但不带来快乐，反而会转变成痛苦。

还有一个恰当的例子，车匿（Channa）陪同悉达多太子从王宫出走，为了寻求苦的最终解脱。悉达多证悟，被人尊称"佛"后，车匿找到他，并诚实请求皈依他。皈依后，他既不研究佛法，也不聆听开示，对佛陀的教义没有兴趣。他终日守在寺庙门旁，招呼过往行人香客。如果来庙的人不去找他，他会生气。如果有人去找舍利弗（Sariputta）尊者，他感到心烦意乱，并说自己才是带领佛陀寻求证悟的人："当年是我牵着佛陀的马，带他去求道的，自然我的功劳最大。舍利弗出生尚晚，后来才皈依佛陀。"他不断地这么想着，不愿聆听佛陀的教法，还自认为对佛陀的证悟有很大的帮助。事实上，他对任何教义都置若罔闻。

苦才是奇迹
the Miracle of Suffering

　　最后，随着佛陀的入灭，车匿还不明白自己仍然是门外汉，尽管随侍佛陀，但从未学过半点佛法，因为他只想自己的功绩，因此，连佛陀的话也不听。

　　如果执著自己的善德，有时你就会被积累起来的善德所蒙蔽，从而看不到未来的好处。有些伪善之人不会屈尊自己去见人，因为他们认为他人比自己低下。有些人因长期持守八条戒律而自居，不愿和没有持戒的人说话，甚至到了要惩罚别人行为的地步。有些人执著自己的德行，不仅怨恨他人，也让他人对自己不满，因为他们认为自己品德高尚，而看不起别人。我们常说，即使对善行也不要执著。当你去行善积德，只是去做，不要执著于它。智者劝我们忘记他人欠我们的恩德，而应常记我们欠他人的恩德。

　　有个医生来我的寺院受戒，他是一所医院的院长，曾经短期出家一个月。他结束出家回到世俗生活的那天，他去向寺院长老告别。长老请他进入僧房。这位好心医生给长老留下一个好的印象。进到房内，长老对他说："大夫，你要记得我是你的恩人。不管你什么

第二部分
以微笑拥抱快乐

时候回曼谷,你都要先来见我。"听到这句话,这位医生匆匆向长老辞行而去。

他来到我的住处,对我说:"我再也不去看那个老和尚了。"

"大夫,你心里受到什么委屈?"

他说老和尚要他报答恩情,我这个欠他恩情的人为此感到烦扰。欠债让人感觉是世界上最沉重的事情,欠他人钱,即使欠到成千上万,也不如欠别人恩情那么重。

如果你欠他人的恩情,你心里就会一直想着将来要偿还他(她)。如果他(她)公开讨要,你就会愤愤不平,可能会不领情,也不愿报答。

这只是说明,即使是有益的、令人愉悦的事,你也不应执著。有人禅坐后变得快乐,他回到家,妻子问他去哪儿,他默不作声。他的儿子问:"爸爸,你到哪里去了?"他依然沉默不语。他进入房间,将门反锁,又开始禅坐。他从禅坐获得很多快乐,竟然忘记自己的妻子和孩子,但他的这种快乐是不负责任的。

苦才是奇迹
the Miracle of Suffering

还有一个人，从禅修获得快乐回到家后，竟然要他妻子离开他去找新丈夫。这都是些执著于快乐的例子。佛陀说："即使是那种正确的快乐，也不要执著。"许多人来寺院，聆听和尚的佛法开示，感到很快乐。有了快乐，他们都很少待在家里。他们大多数时间都在寺庙里，丝毫不顾自己要承担的家庭责任。

佛陀说："即使那种正确的快乐，也不要执著。"因为执著于它，你就会回到痛苦。有些人在家中禅坐，感到特别快乐，以致都不想工作。邻居们在背后说，他们日夜禅修，懒得都不想起床。由此，你知道无所事事的人会受到怎样的批评和责备。因此，不要执著那种看似正确的快乐，如果执著，你必定就会受苦。花很多时间来禅修，你会忘记孩子和妻子，以及要履行的工作职责，还会面对其他方面的痛苦。

5 培育心灵，脱离痛苦

  我们在生活中所经历的快乐，好比是梯子的横档，但它不是我们最终的目标。梯子只是一个连结两端的工具。真正的快乐是摆脱痛苦之后的自由。内心自由才是真正快乐的本质。

  当你吃到美味佳肴时可能感到快乐，但我要告诉你，如果你一周天天吃这种食物，你就会感到腻味，不再想吃了。因此，你就会明白，快乐最终会变成痛苦。佛陀建议我们要不断地修行，达到究竟的快乐。

苦才是奇迹
the Miracle of Suffering

我们之所以能不断向前进，是因为我们具备前进的能力。有一名僧人，出生于巴安南拉厄（Baan Nanglae），成为泰国北部地位最高的僧人（the first Somdej）。他过去是个牧牛人，放养大量的奶牛和水牛。他出家后前往大理石寺（Benchamabopit）修行，后来成为北方十六府的精神领袖。尽管他备受尊敬，但他之前的许多玩伴仍像过去一样普通。这就是因为他在奋力提升自己的时候，他以前的朋友们却安于现状，因此只能呆在原地停滞不前。

我有个老师，一直都在不断地学习。他有个朋友，家里很富有，在北标府（Saraburi）有240多亩地，而我的老师家里只有12亩地。他的父亲没有办法养活他，因此把他寄养在寺院。他的朋友在他这么大时却生活得无忧无虑，从未想到要提高自己，甚至认为仅凭父亲拥有的粮食就足够他享用一辈子。

与此同时，我的老师，因为父亲无法养活他，而不得不努力拼搏。他出家后，学习刻苦、勤奋，最后通过佛教经师第九级考试。后来，又进行更深入的学

第二部分
以微笑拥抱快乐

习，获得奖学金，前往美国留学。毕业后，他回到泰国，还俗后在曼谷大皇宫（Grand Palace）的皇家学院工作。他从最低层的文员，一直做到学院的秘书长。我的这个老师就是阿赞·加农（Ajarn Chamnong Thongprasert），现在很有名，备受敬仰。

有一天，阿赞·加农开车去上班。他有点疲惫，一边开车一边服药提提神，结果他的车撞上前面车的后座，另一辆车撞上他的车后座。他受了点伤，被送进医院，发现照顾他的护士竟然是他的学生。他撞上的那部车的车主是一名高级警官，是他大学的同学。撞上他的车的车主是一位大企业家，曾在国防大学学习，也是他的学生。凑巧的是，两位车主和照看的护士都认识他。

你知道他是如何靠自己的奋斗从一个乡下男孩一跃成为知名人物的吗？即使发生一桩交通事故，竟然有那么多人认识他、关心他。

后来他告诉我，那个富家子因为父亲拥有良田而自豪，终其一生都只是个农夫，而阿赞·加农因为童年的艰辛，通过自己的努力成为皇家学院的秘书长，除了每月的工资，他还有其他薪金，一辈子都花不完。他还担任许多公司的董事长。

他获得很多荣誉，快乐地享受人生。他说："如果我因为出生贫寒就停滞不前，我现在还会像以前那样在放牛呢。"

同样的，素万·素万拿卓托（Suvan Suvannachoto）也是一个靠自己奋斗成功的人。他出家后，要求入住帕辛寺（Phra Singha），后在玉佛寺（Phra Kaew）学习。他是一个孤儿，没有名气，无家可归。

后来，有位长老同情他，给大理石寺写了一封推荐信。他拿着推荐信来到寺里，开始从沙弥做起，不断地提高自己的水平，后来被提升为寺里第三位主法师。最后，他成为北方十六府地位最高的法师。他不断地努力进取，现在成了北方人民的骄傲。

只要不断地努力进取，你就会取得成功。你们中有些人可能认为，自己年纪大，就没用了。不要低估你自己，你肯定能有所进步的。对于六七十岁的人，

第二部分
以微笑拥抱快乐

身体可能不如以前。如果要做个手术，医生会因为你身体不好愈合而不愿给你做。虽然身体不能发展，但是心灵可以培育。如果培育得越多，心灵就会更加灵活。

龙婆万（Luangpu Wan）已七十多岁，但他的心灵却和十几岁的人一样年轻、有活力和清明。阿姜查也是老年时很有智慧。他出国时，一个英文字都不认识，却被邀请到牛津大学和剑桥大学，无论别人问他什么，他总能回答出来。不难看出，心灵与大脑不会随着肌肉的老化而老化。因此，你不要低估自己，认为："我老了，过几年就退休了。"即使有这种想法也不行。你必须认为自己的心灵还很无知，你可以通过聆听佛法讲座或开示来培养心灵，使它更加清明和有活力。有些人活了七十岁，才明白佛法是什么。

有个老和尚作了一场大的开示，开示完后，一个老人走近前说："尊者，你在开示时讲的佛法，七八岁的人都能理解，我却没什么兴趣。"

老和尚说："孩子随时都准备吸收新东西，而八十岁的人有时连最简单的东西都不明白。"

　　我们的身体可能会疲劳和老化，但我们的心灵却能永葆青春。因此，不要停下心灵修炼。你要不断地修炼和培育心灵，直至最终解脱痛苦。心里没有痛苦，你就会拥有真正的快乐。只有心灵不受身体痛苦的扰乱，你才能找到真正的快乐。

⑥ 弄清什么是快乐

  如果你问快乐是什么,我告诉你,它是一种没有痛苦的状态。没有痛苦就是快乐。快乐有很多种,就看你怎么下定义。根据快乐的目的,快乐可分为两种,即身体的快乐和心灵的快乐。身体的快乐就是身体没有疾病,心灵的快乐就是心里没有焦虑。

  如果你想给快乐下定义,你就会明白快乐来自身心的平衡。如果你的身体没有病痛不适,心灵没有焦虑担忧,你就会快乐。这种快乐几乎和钱没有关系。

苦才是奇迹
the Miracle of Suffering

这并不是说，钱不能买到快乐，钱至少在某种程度上能促进快乐。我们不应鄙视金钱，因为佛教并不反对身体的快乐。

佛陀认为快乐包括以下四种：

1. 因有钱而快乐
2. 因花钱而快乐
3. 因有正当的工作而快乐
4. 因没有欠钱和他人催你还钱而快乐

这是世俗的快乐，是俗人的快乐。我们忽略了两种快乐，一种是有条件的快乐，比如拥有房子、车子，交了男朋友或女朋友，有一份体面的工作；还有一种是没有条件的快乐，即拥有心灵成熟的快乐，心里没有贪着。自由的心是快乐的一种形式。

因此，快乐有许多种解释和定义。简而言之，快乐是一种没有焦虑和痛苦的心灵状态。

⑦ 抓住快乐的根本

快乐取决于你以什么身份状况来对待。如果你想做个快乐的和尚,你就必须清楚了解和尚的身份。如果你想成为一个明星和尚,你就会开始感到不自在。

如果你身为和尚,想要豪车或价值千万泰铢的房子,只要没有累积到足够的世俗财产或无法掌管这些财物,你就会很不快乐。但是如果你了解自己做和尚是为了放下世俗财物和欲望,你就会减少需求,增进快乐。

因此，保持快乐，首先要懂得自己是谁。如果你是个和尚，并且不贪恋世间财物，你就会成为快乐的和尚。

如果你是一个政治家，你就要站在公众立场为公共利益着想，而不只是获得选民的选票或者谋求个人利益。如果你认为政治只和个人利益有关，那么你就不会快乐。

泰王陛下在登基时就使用"福祉"这个词："我们要为整个泰国人的福祉主持正义。"这里的"福祉"指的不是物质利益。当国王和他的摩托车队沿着拉差达慕大街行驶时，道路两旁的行人都流下了喜悦的泪水。国王陛下高贵的仪态给泰国人民带来很多快乐。这就是"福祉"一词所蕴含的深奥意义，它几乎和金钱利益无关。

最近，诗琳通公主（Maha Chakri Sirindhorn）到我的家乡参加图书馆落成典礼。她只是走进寺院，路旁的行人都流下喜悦的泪水。他们几乎都不敢相信公主陛下会亲临一个偏僻的小镇，她怎么可能来看他们呢？

第二部分
以微笑拥抱快乐

这是一种比物质利益还要深刻的福祉。

因此,如果政治家考虑人民的福祉,他们就会前程似锦;如果只想到个人利益,他们的政治生涯很快就会终结。

如果你做投资,获得丰厚的回报,你会很快乐。但是如果你既想做投资人,又想当和尚,很快就会出现利益冲突。因此,你必须明白你这一生要干什么。如果你想投资取得巨大成功,同时回报社会,你就会成为名利双收的投资者。

沃伦·巴菲特是世界一流、超富豪级的投资者,他获得巨大的财富,甚至超过比尔·盖茨。如果你读过巴菲特的传记,你就会发现他的生活很简朴。他没有司机,自己开车出行,他穿着朴素。有人问他成功的秘诀是什么,他说:"要对自己所拥有的感到满意,要知道自己的优势在哪里。"如果你知道自己真正的本质,你就不会被误导。如果你不会被误导,你就会很快乐。

如果你是一个丈夫,你就做个不误入歧途的好丈夫，这样你才会快乐。然而，如果你误入歧途，且有了外遇，那就是一场灾难。因此，这正是快乐之根本所在。无论你的身份地位是什么，都必须抓住快乐的根本，这样你才会明白快乐其实就在身边。

为无关紧要的事情而忙个不停，你就会劳累、疲惫不堪。究竟何时你才能达到目标？你不断地努力，直到有一天你发现自己已经老了，目标还没有实现。但是如果你有一个固定的目标，一旦实现了，你就会很快乐。同时，又设定一个新的目标，快乐好比是你不断往上攀爬的梯子横档。

回顾我的写作生活，起初，我只是为了写而写。我每天写日记，感到很快乐。即使没人看，我也写。我写的时候很快乐，有朋友偷看我的日记，反而更快乐。我很快乐拥有这些秘密的读者，因此我把日记随意乱放，以便朋友能看到它。

我还想到我很快乐成为专栏作家，这样能把我写的文章集结成书。当书出版后，我更加高兴，希望有更多读者读到。有了这种愿望，我会再次感到快乐。

第二部分
以微笑拥抱快乐

现在你会明白快乐怎么会像梯子的横档了。快乐也是逐步增加的。如果你没有固定的目标,你也许就不知道你到达哪一步了。没有累积目标的人生,似乎就像迷失方向不知往何处去一样令人泄气。

8 让佛法指引你获得快乐

佛法对我来说,就是一门生活的艺术,仅此而已。要获得生活的平衡,你必须对佛陀的教法感兴趣,并且依法而行。佛陀教导我们要回头反省,不去做坏事。只要做到这点,你就能确保人生成功。

然而,如果你的人生没有成功,那是因为你忘了聆听佛法。你避开佛陀的教法一意孤行,或对本应接受的佛法漠然置之,结果,你的人生如向下旋转的螺旋。佛法不是一个不为人所知的词,但它却很难定义。

第二部分
以微笑拥抱快乐

其他人可能还有更难的定义,甚至连我也不知道。

对新一代人来说,佛法可能是生活的哲学。如果有一套好的生活哲学,你就会有好的生活,但如果有一套坏的生活哲学,你的人生就会倒退。这是对佛法的另一种定义。

佛法还有一种说法,它是生活的路线图或者是所谓的"人生规则"。如果你的人生有正确的指导,你就不会迷失方向。有些人过了五十年才知道什么是美丽的人生。还有些人生活了六七十年,都不知道自己过的是什么生活,因为他们没有路线图。

总之,佛法有以下三种表述:

1. 生活的艺术

2. 生活的哲学

3. 生活的路线图

下面我给大家讲一个关于快乐的哲理小故事:

有一位美国商业大亨,很早就从他的商业帝国隐退了,他感到自在和快乐。

苦才是奇迹
the Miracle of Suffering

他吩咐他的司机带他去钓鱼。他拿了一瓶特别昂贵的名酒和一箱冰块,放在车后的行李箱,直接去湖边。

他找到一个适合垂钓的地方,在轻柔的微风里坐下垂钓,一边啜着香醇的美酒,不禁自言自语道:"这种生活多么惬意啊!"

过了一会儿,他环顾四周,看见不远处还有一位钓客。他起身,走过去问:"请问,这里有很多鱼吗?"

"对,有很多。"

"你长期在这里钓吗?"

"我钓了一辈子。"

"每天你钓起多少条鱼?"

"两三条,够我带回家就行了。"

"这儿有很多鱼,为什么不多钓点回家?"

"为什么我要钓那么多?我家中只有三口人。"

这位商业大亨感到迷惑不解。

"一天几条鱼就足以养活整个家。"

"不过,天哪,我真是不明白,要是我是你,会钓

第二部分
以微笑拥抱快乐

很多。"

老人反问他:"我干吗钓那么多?请问,我要那么多鱼有什么用?"

"你可以拿去卖钱啊。"

过了一会儿,老人问:"请问,你为什么来钓鱼?"

"我生在富人之家,博士毕业,然后工作了三十多年。"

"哦,天哪,你已经痛苦了三十多年,你为什么现在才来钓鱼啊?"

"我想好好休息一下,享受一下生活,自得其乐。"

然后,老人又说:"我没有博士毕业,也没有工作三十年后才停下来享受钓鱼生活。其实,这么多年来,我每一天都过得很快乐。"

你明白这个故事隐含的道理吗?

有时在我们看来,商业大亨的行为非常荒谬可笑。事实上,快乐就蕴藏在我们身边的简单事情里。快乐如此简单,以致我们常常忽视和错过。

第三部分

与痛苦好好相处

　　人生由一连串痛苦和不如意构成。佛教向我们指明人生解脱的方法。为了摆脱痛苦,我们不是去对治痛苦本身,而是寻找痛苦的根源。人生的痛苦不是无缘无故产生的。

1 人生就是一连串的痛苦和不如意

有些人认为，佛教是让痛苦的人忘记痛苦或是把心安住在平静安详的状态，达到止息痛苦的目的。其实，你大可不必与痛苦和解。

在英国，有一位女王，在丈夫去世后的余生身穿丧服。她以自己的余生悼念去世的丈夫，这是一种终生的悼念。

有人曾经询问杜恩（Doon）尊者，一个人应为心爱的人之死悼念多长时间？他以问作答："痛苦是美好

苦才是奇迹
the Miracle of Suffering

的和值得拥有的吗？""不是。""如果它不是美好的和值得拥有的，你为什么却放不下它呢？"因此，当痛苦来临，你不必着急去处理，因为痛苦只是最终结果。要根除痛苦，你必须找寻痛苦的根源。

我们和佛教徒一样，经常听到人们对"苦"有不同的理解。西方一些思想家认为佛教把苦的教导摆在首位，就认为佛教是消极悲观的，是对人生的否定。人生下来就是苦的。即使佛陀本人也说过："我只教导苦和苦的止息。"佛经上也简洁地提到了苦："只有苦生起，只有苦持续，只有苦止息，除此无他。"佛教徒以外的人读到这句，会感到沮丧。他们会问，只教导苦的佛教到底是一种什么宗教？佛陀阐述了苦的隐义："人生有苦，我们就要知道如何去过没有痛苦的生活。"意思是说，人生充满痛苦，我们整个一生都在止息这些痛苦。如果早上起来，依然困乏，你会痛苦吗？如果你饥肠辘辘，没有东西吃，你会痛苦吗？如果你出门没带钱，你会痛苦吗？

因此，人生就是一连串的痛苦和不如意。佛教可

第三部分
与痛苦好好相处

以指引你去摆脱痛苦。为了摆脱痛苦,我们要做的不是去处理痛苦本身,而是找寻痛苦的根源。人生中的痛苦不会无缘无故产生的。根据佛教,摆脱痛苦有两种方法:

1. 智性理解
2. 培养正念

从智性上摆脱痛苦,首先你必须要理解痛苦。许多遭受痛苦的人从未想到要去理解痛苦。只要他们经历痛苦,就将自己投入痛苦,与之融为一体。他们从未与痛苦分离开,从未要去觉察和理解。

有些人会因为心事重重而痛苦,他们感到伤心欲绝、牢骚满腹、憔悴不堪,但从未想过自己为什么会痛苦。如果你与痛苦融为一体,你就无法理解痛苦。心灵一旦受伤过一次,你会去滋养伤痛,反复思考,不断地让伤心重演。

使你痛苦的事情不断发生,此消彼长,如同自然界中万物一样。然而,你却把痛苦的事情放大,有意

苦才是奇迹
the Miracle of Suffering

无意地重复这一行为。每次你重新想到此事，你又会再次痛苦，这是因为你不知道如何对治痛苦。佛教提供以下三种止息痛苦的方法：

1. 不要处理痛苦本身，而应找寻痛苦的根源。

2. 从智性理解上去摆脱痛苦，思考或审视痛苦的原因。

3. 要从心灵上摆脱痛苦，你就必须培养正念。

许多人遭受无尽的痛苦，是因为他们对痛苦不闻不问，从未想着去根除。他们很快陷入痛苦之中。例如，如果你牙齿痛，你马上会牢骚满腹，而不去想怎么会牙痛的。如果你失恋了，你会神情沮丧，突然痛哭，你会喝得酩酊大醉，甚至置生命于不顾；你会哭个不停，闭门不出，只身一人看着肥皂剧。总之，你会使自己一文不值，而不是问问自己为什么会沮丧。

当你痛苦的时候，不要去思考和审视痛苦，否则你会很快陷入痛苦。因此，从智性上，你必须振作起来，问问自己痛苦从什么地方来。你要心地坦然地正

第三部分
与痛苦好好相处

视痛苦,并想想痛苦的根源是什么。

上述第三种方法是从理性层面出发解决痛苦问题。以上讲的是从智性推理上去摆脱痛苦。有时你甚至从觉知和理性上去思考,但是痛苦丝毫没有改变。为什么它没有结束呢?因为它可能不是以智性为基础的。有些事情深入到你的潜意识,我们的心一般在意识和潜意识两个层面活动,用佛教名词表述,就是"vithic-itta"(心路过程心)和"bhavangacitta"(有分心),前一个是一般状态的心,后一个是潜意识。在意识层面发生的痛苦,有时可以通过发泄得到缓解,这种痛苦并不严重。然而,有时痛苦会更深,即使你以喝酒玩乐来排解,好像你把它忘掉,或者通过看书和听佛法开示,甚至短期出家,你都无法摆脱痛苦。

有个博士曾经来解脱自在园(Suan Mokkh)短期出家,佛使尊者(Buddhadasa)问他为什么要来这里。他坦承自己有过一次伤心的经历。

"你是学什么专业的?"

"心理学。"

苦才是奇迹
the Miracle of Suffering

"获得过什么学位?"

"美国心理学博士。"

"你为什么不用心理学来解决你的伤心问题呢?"

"确实,我也在想为什么我不能用自己所学的来解决自己的问题。"

这的确无药可救。意思是说,伤心要比理性思考更深入,因为它已深入到精神层面。当你爱一个人,你希望你的心灵富足,而不仅仅是你的身体健康。谁都是希望找到精神上和情感上都满足自己的人。如果我们和所爱的人在一起,并且感到安全(不是身体或经济上),我们就会感到安心、受保护、温暖、爱与关心,这种安全已从身体层面跃升到精神层面。

因此,如果你所爱的人离你而去,不论你做什么——聆听佛法开示,阅读,旅游,向朋友倾诉或借酒浇愁——你都无法恢复你们的关系,因为它比理性思考更深入。在这种潜意识层面,即使拥有博士学位的聪明人,也无法以智性来应对。然而佛教上指明了第三种应对方法,即培养正念。

② 为什么我们遭受那么多痛苦

你认识到痛苦的武器是你的思想吗？扼杀或伤害你的仅仅是你自己的思想。例如，你曾经受过侮辱，但是你自己的思想却不断提醒你以前那次侮辱，你一次又一次因此受到伤害。如果你不去想它，你就不会受到伤害。

有个大学生把他的论文交给教授指导。教授把论文退给学生修改，而学生感到这是个人攻击。他丧失信心，并且放弃论文。他认为他不能再写下去，他需

苦才是奇迹
the Miracle of Suffering

要时间休息。实际上，这位教授只拒绝他一次，他在自己心里不断重复这次拒绝，让自己伤心不已。这真的是超越理性的潜意识在起作用。

为什么我们遭受那么多痛苦？那是因为我们有很强的自尊心。当我们的自尊心受到打击——如果我们的名字被人写错或念错，或我们应像他人受到应有的礼遇却被冷落一旁——我们就会感到不快乐和愤怒。又比如，我们未经通报姓名便去寺庙做供养，结果我们感到心神不安。这些都是对我们自尊心的攻击。如果我们有很强的自尊心，我们就会遭受很大的痛苦。一点小事情也会很容易影响我们的情绪。造成痛苦的因素有以下两个：

1. 思想。你不断重复曾经说过伤害的话或做过伤害的事，因此你的痛苦似乎比它原本的时间还要久。

2. 自尊心。你有一颗很强大的自尊心。当你的自尊心受到影响，你会感到受伤害、不被尊重

第三部分
与痛苦好好相处

或遭到拒绝。自尊心会膨胀，自然会暴露出来。这是你的痛苦的根源。

从心灵层面摆脱痛苦的只有一种方法，即培养正念。我们需要活在当下，但并不是指今天、今年或这一生，而是指当下一刻，吸进和呼出那一刻。如果你始终对当下保持觉知，你就是活在当下。

至于思想的武器，如果你不去想过去或未来，你就会清净地活在当下。如果没有思考，那么因思考而产生的痛苦也就不复存在。有人曾经问佛陀，为什么他的弟子个个都精神饱满、容光焕发。他说，他们既不怀念过去也不向往未来，而是只专注于当下。如果你想保持容光满面，你就必须遵循这一法则——既不沉湎过去或担心未来，而是保持清醒，并觉知当下。只有这么做，你才不会被自己的思想伤害。

一般来说，我们的痛苦，百分之九十九是因为不能处理自己的思想。这是个关键的问题。尽管使我们痛苦的思想已经过去，可为什么再次想起它们来就会

苦才是奇迹
the Miracle of Suffering

每日每夜地伤害我们呢？这是因为我们拾起它们，就会使痛苦复活苏醒。这就像水牛白天吃草，然后将草吸收进胃里，到了晚上，再咀嚼咽下。人通常也是这样，无论白天遭受什么打击，我们都没有时间去担忧，因为我们实在太忙了，但是晚上我们躺下，双手放在前额，思前想后，开始"咀嚼"和"消化"担忧。

由此，你知道痛苦本身是稍纵即逝的，它总是很快生起和消失。但是使痛苦维持得比它本应还要长的，是你的冲动而又强迫的本性。所有这一切，都是因为我们从未练习正念，以便活在当下。

3 以正念洞察痛苦

正念练习简单易行。无论你做什么事,你都要觉知自己正在做的事情。正念是一种能量形式,只在身心统一时才会生起。假如你在走路,觉知你走的动作。你走的时候,通常觉知你在走或没有觉知地只顾走路吗?你吃的时候,有没有一边看电视里的足球赛,一边把食物塞进嘴里呢?

我们通常同时做几件事,甚至还引以为豪。我们从未把百分之百的心用来只做一件事。此外,这还使

苦才是奇迹
the Miracle of Suffering

我们的心摇摆不定，分散各处。结果，痛苦趁我们不备之时偷偷地溜进。我们想得越多，思考得越多，就会形成越来越多的思想，这时就会有更多痛苦流入。像一连串的想法，向四处扩散。如果我们不思考或者让思想扩散，就没有痛苦潜入。

痛苦本来可能很小，但是后来，我们不断地夹杂进思想，它就慢慢地变大了。我们让它成形，还不断地为它绞尽脑汁。因此，为了战胜痛苦，我们必须练习正念。

练习正念，就是不断地觉知你的行为。比如，你在洗盘子，就要清楚地知道你在洗盘子。但是如果你洗盘子，却想着要把它洗干净，你就没有活在当下。你会想着未来，想着你要做的事情，你的整个心与它合而为一。你想要把盘子洗干净，只要带着这种想法去洗盘子，你就没有在练习正念。另一方面，如果你洗着盘子，并心情愉快地洗着，如果你洗得很好，盘子自然就干净了。这就是活在当下的正确方法。

比如你在洗澡。许多人洗浴时都爱唱歌。结果你

第三部分
与痛苦好好相处

对正在唱的歌保持正念,而不专注洗浴这一行为。你唱的是一首怀旧歌曲,因此你将自己拉回到过去。你们中有些人可能不知不觉地就洗完了,这是没有正念的洗浴。有时候你狼吞虎咽地吃着,甚至连食物是什么味道都不知道,你只是感到你的肚子饱饱的。这是一种没有正念的吃法。同样,当你痛苦时,不要试图去消除痛苦,而去找找原因。查找原因后,并深入思考。如果你无法解释痛苦,就去做正念练习,因为正念像一个保险装置,为你的安全起见,它会突然断开,让你不再痛苦,这里是针对心理痛苦来说的。

如果痛苦是因经济纠纷而引起,或是关系到个人的生活,也要对它作出相应的处理。有一个很富有、事业也很成功的女老板,她的丈夫去世后,给她留下一亿泰铢的债务。银行官员来到她家,甚至连鞋也不脱就直接闯入。你去银行贷款,他们会对你恭敬有礼、关怀备至,但是来收债时却凶相毕露。

这位女老板身心交瘁,她的丈夫突然离世,给她和孩子留下沉重的负担。她陷入深深的痛苦之中,以

苦才是奇迹
the Miracle of Suffering

致无路可走。绝望之下，她皈依佛法。有一天，她的心突然觉醒了，看见自己的心识，在打坐时的那个瞬间与身体分离。她意识到她的痛苦并不是身体方面的。仅仅那颗担心债务的心，才是痛苦的。她领悟到债务与心灵其实是两种不同的东西的这个瞬间，她才明白真相。她的心将债务从身体和焦虑中分离出来，它们实际上是三个各自独立的实体。

自从那天禅修后，她排除万难，找到方法还清了债务。她说债务需要偿还，但心灵不能像背负债务一样而烦恼。因为心是不会负债的，它本身就是纯净的、光芒四射的。债务是属于物质世界的，因此她必须用相应的物质去偿还。她通过自己的努力积攒钱，一点点地还清了债。她每天都通过打坐来照顾自己的心，因此她生活得很快乐。没过几年，她便还清了她的债，之后，她把事业做到她丈夫在世时创下的高峰。到了35岁，她宣布退出商界，现在，她不再做什么工作了。之前，她说过，她为生活而耗费自己的生命，但如今要好好享受生命。她不断地巡回讲演佛法，抚养孩子，

第三部分
与痛苦好好相处

并写了多本著作。这就是她现在的人生,她就是昆·希堤娜特·帕他侬(Khun Thitinat Na Pattalung)。

这种因深陷债务而带来的苦恼是可以逆转的。她丈夫去世时,她被自己的思绪弄得不知所措。她不停地想,他的死也把她害死,他留下一亿泰铢的债。她的丈夫只死过一次,但他的死使她死了无数次,因为她害怕承担这笔难以置信的债。她将恐惧抛到脑后,每天专注于工作,努力还钱,不作他想,只是不断地保持正念,如此,她的心里再也没有焦虑。她成了一个无忧无虑的人,既能好好工作,也能睡得踏实。

简而言之,只要思想停留在过去和将来,苦恼就会潜入你的生活。如果你想脱离苦恼,你就要切断你多余的思想。你阻止不断生发的思想越多,你的生活就会更好。

你往杯里倒水,然后喝水。你喝水时,你的心在哪里?你有没有游离,去想什么了吗?现在又喝了一小口,你有没有想到其他事,而没有专注喝呢?或者,你仅仅喝水,完全专注在喝的动作上?如果你喝水,心无杂念，只专注在喝水上，你喝进去的只有水，没有其他东西，这才是真正的喝水。但是如果你一边喝水，一边想着其他事情，你喝进去的是你的思想。只要你没待在当下，你就落入思维模式中。心的变化是超速的。

每天你的心都在不断地思考。有时你会偷偷地想一些不该想的事，因而使你产生了痛苦。只要心中有杂念，你就会有痛苦，你越是异想天开，你遇到痛苦的机会就越多。佛教中有一些方法，可以引导我们从思想中跳脱出来。西方人强调思想者的作用，而佛教则集中于知者的作用。无论你想什么，你都必须知道自己在想什么。你知道你在想时，这种思想就会终止，会转瞬即逝。

好比你在生气，你应知道你在生气。只有你知道，不只是你认为你知道，而是从心里知道，怒气就自然会停止。难道这不奇怪吗？正念就是如此有力量。

当恨生起时，用正念去捕捉，恨就会立即消失。因此，你几乎不需要药物治疗。正念是一个非常好的

第三部分
与痛苦好好相处

保险装置。然而，大多数人都不像这样，他们只要一生气，就会跟着生气跑。他们只要一生恨，就会恨到底；只要一有压力，就会浑身不自在。他们应该向佛教徒学学心理学，难怪西方心理学家对它充满兴趣。

最近，应瓦内莎·赖丝（Vanessa Race）的要求，哈佛大学开设内观禅修课程。来报名学习的人有9万人，看来他们对佛教很有兴趣。在意大利，有很多人对佛教感兴趣，佛教徒跃升到5万人，因为他们对正念的培育感兴趣。

我在法国梅村与一行禅师一起禅修时，有七百多西方弟子来修习观呼吸、行禅和坐禅。显然，西方人对正念的培育越来越有兴趣。

4 觉知你正在做的事

开发正念,只需要待在当下。简而言之,无论你做什么,都对它保持觉知。走路时,觉知自己在走;吃饭时,觉知自己在吃;思考时,觉知自己在思考;说话时,觉知你在说话。

如果你做事情都一直保持觉知的话,那么因无用的杂念而生起的烦恼就会消失。当你真正去思考时,你的思索就会有效,你的心就会敏锐,而且你还能去除以前的恶习和不良行为,从而改变你的人生轨迹。

第三部分
与痛苦好好相处

人们都习惯过循规蹈矩的生活。比如，大多数泰国人见到僧人时会畏缩不前，他们害怕自己的言谈举止不恰当。从传统上来说，泰国人都尊敬出家人，就连和他们打招呼，也要说佛家的话。这恰恰是你从见到僧人那里受益不多的原因。除了这种态度外，他们也许感到出家人不了解尘世，因而对出家人抱持一种否定的态度。见到僧人，还有一个习惯问题，就是想知道他是否能洒圣水预测吉凶或算命。这就是我们见到出家人常常期望的事情。

我曾到一个人家做过法会。这家的母亲告诉她女儿："有位出家人来了。"小女孩跑过来问："妈妈，这个和尚能算命吗？"

我心想，我以前学过，除了占卜，还会一些别的。泰国人现在已经习惯了会算命的出家人。

在大多数情况下，你的心会因循守旧，但是如果你开发正念，它就会展现出截然不同的一面。你不再循规蹈矩，而且你做任何事都能保持完全觉知。

有个女士去马尔代夫度假，有一天去海边游泳，

苦才是奇迹
the Miracle of Suffering

被突然而来的急流带离岸边。急流趁她不注意时卷走了她,她出于生存的本能,逆着水流拼命往岸边游去。然而不管她使出多大力量,她都无法冲击强大的急流。她认为她的生命完蛋了:"我来这里度假,但我的生命就此结束。没有人能听见我,也没有人知道我被卷进这个让我下沉的旋涡。"她一想到自己的生命快完了时,便停止游动和为生命所作的努力。她那双已停下游动的双脚触到水底,结果,发现这片海域不深。

人们通常过惯自己熟悉的生活,对此从不去多想。一旦碰到陌生的情况,她便索性放弃,因此触到了地面。她说这正是她于急流中得以生还的原因。我们都习惯去思考,去想象,不习惯静坐,不习惯仅仅跟随自己的呼吸。试着练习一下,闭上眼睛,让你的心思考任意出现的事。你们中有没有人有一颗无念的心?它是静止不动的吗?在大多数情况下,这颗心一闪即逝。总之,你的心必须找到什么来思考。

如何观察你自己的心,以及管理你的思想,这些属于高级心理学范畴。我们活在我们的心中,我们的

第三部分
与痛苦好好相处

心会带领着我们依照过去的习惯办事。我们只不过对此没有觉知罢了。然而，如果你练习正念，你就会时刻保持觉知。你会摆脱过去的习惯，清醒地活着。只有在此时，你才是一个觉者，才是清醒的、喜悦的。你根本没有心理问题，也没有因生活压力而引起的烦恼了。然而，你会有一种快乐的生活。

这些方法能帮助你从心理上，而不是智性上止息痛苦。大多数人通过推理或药物治疗找到止息痛苦的方法。你会感到紧张，还会服用"百忧解"（一种治疗精神抑郁的药物——译注），但是佛法会引导我们不用什么脑力就能产生正念。

5 过去已过去，未来还未到来

大多数人都沉浸于过去中生活，因此生活了无新意。因为不断地想着过去，所以我们的生活缺乏新意。我说，这是拿过去来伤害我们的现在。事实上，发生的已经过去，也成为一种过去。我们应只觉察到当下，然后一直保持新鲜感。

如果有人参加某个活动，即便活动现在已结束，他的心还停留在活动上，不断地想起。这种个性被称为"强迫冲动性"（compulsive-impulsive）。有时，这种

第三部分
与痛苦好好相处

习惯会钻进你的梦里。你曾经梦到某东西时突然醒来,然后又继续睡,继续做同一个梦吗?梦中的细节会详细呈现。你甚至还会将你的梦作戏剧化构思,甚至给你梦中的人物穿上衣物。如果你出于强迫而冲动地行事,你就没有活在当下。当你完成你正在做的事,仅仅觉知事情结束和过去。你应当抛诸脑后,不再卷入其中。

我去弘法,对自己的开示并不是每次都满意。过去我在开示时常常告诉自己不要提到某些主题。我感到局促不安,不能克服,有时这种情况会持续三四天。由于我们经常碰到,便告诉自己不要让它发生,这会引起自我伤害。有时我去做电视现场直播,感到不应说某句话。因为我已修习正念,我便对自己说,说话不负责任就滚下台。直播结束,我便忘记过去,回到当下,这真的让我得以释放。无论我做什么,当事情做完,我就把它放下,我不会背负着过去往前进。当你没有这种负担,你就会感到无比轻松,这就是心理学上讲的"释放"。

苦才是奇迹
the Miracle of Suffering

大多数人都活在过去的记忆中。比如被问到哪家饭馆的菜不错，便会立马对自己喜欢的饭馆搜罗个遍，调出储存的心灵档案。这就是活在过去的例证。有人被问到盐是否是咸的时，他会很肯定地回答，他的这种回答是根据他过去的经验或记忆。如果是在当下回答，他就会说不咸，因为还没有放到嘴里，在当下还没有品尝。咸味的感觉是根据过去的知识得出的。

这反映出一个事实，大多数人都沉浸于过去中生活，因此生活了无新意。因为不断地想着过去，所以我们的生活缺乏新意。我说，这是拿过去来伤害我们的现在。事实上，发生的已经过去，也成为一种过去。我们应只觉察到当下，然后一直保持新鲜感。我们只要考虑这个就好了。沐浴时，只沐浴好了。骑自行车，只要脚踏踏板好了。有时你一边踏着自行车，一边想着过去，各种思想在头脑中打转转。

我见过一个椎间盘突出的女人，她感到痛苦不堪。她的医生告诉她闭上眼睛，回想过去，看看是什么使她陷入如此深的痛苦。他给她催眠，因为吗啡治疗无

第三部分
与痛苦好好相处

法使她减轻痛苦。她拒绝接受外科手术治疗，她说她的朋友就是因为外科治疗而瘫痪的。她曾试过针灸疗法，但没有什么效果，因此她去找催眠心理医生。这个医生要她回想过去发生的事情，弄清是什么使得她椎间盘突出的。

她今年四十三岁，她回想起过去，发现她七岁时被姐姐从楼梯推下。她向整骨医生讲起这件事，医生结合对骨运动和神经系统的分析，便得出如下诊断结论：一定是这次事故导致她今天这种状态，因为她没有对这次受伤进行过治疗。

结果，她回到家，便不理会她的姐姐。她说她恨姐姐，从七岁到四十三岁一直都恨。这是一种有"附加利息"的大恨！她甚至更加痛苦，因为她还得和姐姐一起生活，她们会一起吃饭、一起笑、一起聊天。只要想起姐姐推她下楼致使她椎间盘突出这件事，她就会心里非常不愉快。

有一天，她来向我请教。我便对她说，她姐姐在她七岁时把她推下楼梯，而她却让姐姐重复这一行为

苦才是奇迹
the Miracle of Suffering

达三十余年。事实上,这件事只发生过一次,而她却重复上演了无数次。

她听我说完,突然醒悟过来,眼泪从她眼中流出。她说:"要是我今天不来看你,我还会因为这种病而继续恨我姐姐一辈子。"

她回到家,与姐姐一起吃饭,她想与姐姐和解,便说:"姐姐,对不起!你在我七岁时并不是有意推我的,你只不过是像姊妹间同我玩耍而已。"

很多人大部分时间都在这么做,只是没有意识到。我们倾向活在自己的思想和头脑中。我们中有多少人因为自己的思想和判断而受苦或遭受不经意的折磨呢?

6 不断觉知所思所想,你才会活得轻松

谁制造了我们生活中的痛苦?我们这颗思维的心是痛苦的造作者。因此,你应时刻觉知这颗心,知道自己的所思所想。如果你不断地觉知你的思想,你就会生活得更加轻松。因此,为了跟上自己的思想,我们必须练习正念。

有一位学生来和我谈心。她因为男人伤透了心,诅咒所有男人,发誓再也不和男人来往了。近十年来,她拒绝和男人出去,却和一帮假小子鬼混,再次陷入

苦才是奇迹
the Miracle of Suffering

痛苦。她觉得女性也有同样的麻烦，于是又开始与男人往来了。她结婚时，我祝福她幸福美满。她说她因为一个男人伤害过她，便不再相信任何男人，而误入歧途将近十年。这全是她的思想在作怪。只要一个男人伤害过她，她便认为世间的男人都是靠不住的。

谁制造了我们生活中的痛苦？我们这颗思维的心是痛苦的造作者。因此，你应时刻觉知这颗心，知道自己的所思所想。记得，一次只做一件事。洗盘子时，就只洗盘子，甚至不要带有目的地去洗。如果你一边洗盘子，一边想着盘子会干净，你就直接跳到即将要发生的事。洗浴时，只专注在洗浴上。糟糕的是，你一边洗浴一边唱着歌，你从过去的记忆中调出一首首歌来唱。吃饭时，你应当只专注吃饭这一件事上，不要一边吃饭一边想着其他的事。每天这么练习，吃饭时，闭上眼睛嚼食物，注意你嘴中所嚼的食物。大多数时候，你一边嚼着食物，一边看着电视新闻。这样子吃饭，你不是在嚼食物，而是在"嚼"新闻，食物不经意地滑进你的喉咙。

第三部分
与痛苦好好相处

如果做事情不专心的话,你的思想就会不知不觉地进来掌握你的心——你必须做这个,你必须做那个。

心里面有两个参与者——意识和诱惑,我称为"创造者"和"冒充者"。这两个参与者每天都轮番抢凳子玩音乐椅(这是一种游戏,参与者在椅子周围绕圈子走动,当音乐停止,大家就要抢位子坐,有一人抢不到位子就算出局——译注)。例如,有个朋友请你去听开示,"意识"会说"太好了",而"诱惑"却说:"今天最好晚点起。"

有时你想要学习,你把闹钟定到凌晨4点钟。到了4点,"创造者"将你唤醒。你一醒来,"冒充者"会说:"让我再多睡会儿。"在生活中,我们都与这两个参与者一起生活。不知你注意过没有?只要观察你的心,就能注意到。你要尽可能经常地让"创造者"("意识")牢牢地坐在凳子上,你才会过上快乐的生活。

如果你让"冒充者"("诱惑")驾驭你,你就会生活很困难。生活本身并非难事,困难的是因为你的

苦才是奇迹
the Miracle of Suffering

心误入歧途。就生活本身来说，如果你饿了，你会去找东西吃，吃饱了你才会心满意足。然而你的思想会跳出来说，你必须喝可乐才能解渴。实际上，你的胃并不想喝可乐，只是你的思想想要这么做。有些人喜欢喝可乐，而不喝水，这一切都是你的心在策划。如果你饿，只要找来东西吃，你的胃就会满足。只是你饥饿的心说，你必须到那家饭店去吃。比如你去看电影，你的心会告诉你这家影院或那家影院会更好，或者你又想去逛书店，你的心喜欢这个，却不喜欢别的。你的心总是领你往前一步。

　　如果你不断地觉知你的思想，你就会生活得更加轻松。因此，为了跟上自己的思想，我们必须练习正念。

第四部分

快乐的秘诀

人生越简单越快乐。正如快乐至简,生活也应保持常人般平常。像智者那样运用智慧,尽可能过简朴的生活。知道何时让步,何时停下,何时放松,你就会更加顺利地度过你的人生。

1 让别人快乐，只需付出一点点

使他人快乐并不需要付出很多。不要很多的投入，只要一点点奉献。我相信，为了共同的利益而奉献，是多么崇高的事，人们能从中获得极大的快乐。只要人人付出一点点，就能使我们所有人活得快乐。

你的一生中有过快乐的日子吗？你能记起最近的一次快乐是什么时候吗？我最近给一千名听众讲法，感到无比快乐。在讲完一小时法后，人们自发地要求与我合影，光合影就持续了两个小时。想合影的人都是来了却他们的心愿的。有些人甚至拿起我的衣角，蒙住他们的头来拍照。我问他们为什么这么做，他们说这样吉利。

我的人生没有白过

有位年近八旬的老妇人来听佛法开示。在我讲完后，她想要和我合个影，但她的一个孙子，看上去像个中学生，使劲拉着她离开道场。她却转身往回拉，两人拉扯了一段时间。当人们开始散去，我便向他们走去。结果，她的孙子因为自己和奶奶拉扯而尴尬不堪。我走过去，问道："你想和我照相，对吗？"

老奶奶说："尊者，我想和你照张相"，然后回头瞥了一眼孙子，说："你看，师父都是慈悲的。"

我告诉老奶奶："来吧，我们照个相。"她蹒跚着过去，后面跟着她孙子。

我又说："太好了，你的照相机放哪了？"

"尊者，我没有照相机。"

第四部分
快乐的秘诀

因此,我请我的侍者为我们拍照,并对她说:"相照好洗出来,我给你寄到哪里?你有没有一个信箱?"

"尊者,你看这个信箱是谁的?我好像不认识这个人。"

因此,我问她的孙子:"你有信箱吗?我把照片寄给你。"

"我有,尊者。"

我叫老奶奶过来,并对她说:"我们开始照,以后我给你寄过去。"

照完相后,我起身,向她告辞:"老奶奶,我现在要走了。"

她连忙转向我,鞠了三个躬。她抬起头,我看见她眼中含着眼泪。我感到迷惑不解,便问道:"老奶奶,你为何哭泣啊?"

"我看到你这么年轻就开始弘法,心里感到高兴啊!我现在知道佛教的未来仍然很光明,我是为此而高兴啊!"

那天,我以一种莫明其妙的心情走到车边上,我的眼泪也在心中流淌。我自言自语道："我只是让人和我照一张相，她就流下喜悦的泪水。我的人生没有白过，我对他人还是有用处的。"只是让她和我照张相，我就能把她感动得流泪。这使我想起我妈妈让我出家的原因，她一定是希望我要这样对人有用，不是吗？想到这里，我也差点感动得流泪。我匆忙钻进车子，我只是抽点时间陪他们照相，就能让他们感动得泪流满面。

人们主要因为伤心而落泪，然而我只是让他们照相，他们就喜极而泣。只要想起这件事，我就会问：我们中有多少人做到了？和我合影的每个人，都露出笑容。事实上，让他们快乐，对我来说，只付出一点点。

做一个快乐的传播者

使他人快乐并不需要付出很多。不要很多的投入，只要一点点奉献。我相信，为了共同的利益而奉献，

第四部分
快乐的秘诀

是多么崇高的事,人们能从中获得极大的快乐。只要人人付出一点点,就能使我们所有人活得快乐。

掌握快乐的秘诀,需要以下三种方法:

1. 让自己在任何地方都受欢迎

2. 积极与人交流

3. 知道何时让步、何时停下、何时放松

如果你知道怎么运用这三种方法,你的生活就会更加快乐。

首先,无论在哪里,你都必须成为快乐的传播者。如果你从头到脚都快乐,不论在哪里,你所在的地方也因此而有福了。佛陀坐在树下禅修,那棵树起初叫毕钵罗树,后来佛陀坐在树下,这棵树被更名为菩提树,因为他在树下证悟。"菩提"的意思是"证悟",再后来,那棵树被改名为证悟树。佛陀去到尼连禅河沐浴,那条河自那以后成为圣河。无论好人待在什么地方,他们都会给这个地方带来福佑。

另一方面,如果是坏人、卑鄙者、变态狂、强盗、

苦才是奇迹
the Miracle of Suffering

歹徒、杀人犯坐在菩提树下，人们会继续礼敬这棵树吗？如果某个臭名昭著的连环杀手在饭店吃饭，店员会在他离开后清洗饭店，以便去除晦气。但是如果一个名人光临饭店，他走后，店老板会把他坐过的椅子保留很长时间。梵高曾去过比利时和法国很多地方，他到过的任何一个地方，现在都被保存得很好。我说过，圣人使他到过的地方增光。这些地方都被神圣化，被后人记住。

同样，如果我们都活得快乐，大家彼此和睦相处，我们的周围都洋溢融洽的气氛。因此，我们都认为自己是快乐的传播者了吗？我曾见过一个人，他打电话过来问：

"尊者，您今天下午有空吗？"

"有空。"

"我可以过去拜访您吗？"

"可以。"

她在约定的时间到达，并对我说："尊者，您看看我的眼睛，青一块紫一块，我丈夫昨天晚上揍了我

第四部分
快乐的秘诀

一顿。"

她向我讲述了他们家发生的家庭暴力。他打肿了她的眼窝,踢伤了她的胸部。我坐着,听她说完。她离开后,那天晚上打电话来向我表示感谢。我那天下午没有出去弘法,只是聆听她讲述的经历。

做一个快乐的传播者,并不需要很多外在的东西。他只需要同情、聆听,让他人倾诉他们的痛苦。只有这样做,他们才会快乐。

只有你父母,才能给你生命

我曾经带领过一个五百学生参加的禅修班,在一次有关父母的开示讲座中,我说:"孩子们,闭上你的眼睛,想想你要报答父母什么。闭上眼睛,寻求安慰,好好地想想你父母的脸。"

除了一个女孩外,所有人都闭上眼睛。我走过去,问她:"你为什么不闭上眼睛呢?我们在默念我们欠父母的恩德。"听到这,她的眼泪夺眶而出。

苦才是奇迹
the Miracle of Suffering

"尊者，我可以想想其他人吗？"

"怎么啦，孩子？"

"想到我父亲，我就心痛。"

"为什么会这样呢？"

"因为我出生后就没见过我父亲。"

"那你妈妈呢？"

"她刚去世了，尊者。"

"那你和谁一块生活？"

"我的奶奶。"

"那就想想你的奶奶吧。"

在上完父母感恩课后，我请她过来私下谈谈。我对她说："跟我讲讲你的生活吧。"

她一边告诉我她的经历，一边眼泪盈眶，我递给她手巾纸擦拭眼泪，我只是专注地听她讲述。自那以后，她非常专心学习，并把我当作父亲。如今她已完成学业，在政府部门任职，有一份非常体面的工作。

她告诉我她恨她的父亲，我对她说："你父亲犯了错，为什么你也跟着他犯错呢？你在父母的错误中长

第四部分
快乐的秘诀

大,你没有必要恨他们。如果你长大后建立自己的家庭,你也会成为好父母的。"

就在我良言相劝之后,她已宽恕她的父亲。后来,她见到了父亲,并好好照顾他。我是这么对她说的:"尽管你父亲没有养过你,但他给了你生命。你不能从商店里买到你的生命。假如你想要新的生命,你无法在罐头瓶里找到,因为在任何地方都没有卖。只有你父母,才能给你生命。"

我和这个学生只谈过一次,听她说完,并给她提出建议。她的人生就彻底改变了。她的痛苦不见了,她的人生取得了成功。

关心我们整个人类

让世界成为一片乐土并非难事,你必须关心你的同胞。有时我们在一起,但互不关心,这是因为我们有偏见、有冲突。但是如果我们互相关心,我们就会和睦相处,活得快乐。

苦才是奇迹
the Miracle of Suffering

有一次我去乡下弘法。演讲前，我抵达住处，开始上床休息。那天晚上我梦见我姐姐一边哭着向我走来，一边说我母亲已去世，还有她的儿子，也就是我的外甥，也离开人世。我走进房子，看见两副棺木堆放在一起。我打开一副，看见我母亲的脸，打开另一副，看见我侄子的脸。在梦中，我嚎啕大哭。然而在第一副棺木看见我死去的母亲，我并没有哭，因为她确实是去世很久了。但是在第二副棺木，看见我侄子的脸，因为他是我的私人助理，现在还在照顾我，我却在梦中大哭，哭得很伤心，没有丝毫做作。

我醒来，开始发现手里和身上被汗湿透。直到意识到这只不过是一场梦，我才开始振作起来。原来它只不过是场梦，我打开床头灯，开始在日记上写下，庆幸的是它只是一场恶梦。这一丝想法如闪电般从我脑海中划过，即使在梦中他离我而去，我感到伤心欲绝，禁不住哭泣。如今，他还活着，并且活得很好，我必须尽我所能地照顾好他。我梦见亲人与我死别，这唤醒了我要珍惜身边还活着的人。

第四部分
快乐的秘诀

　　大多数人都倾向细心呵护远方的朋友。有朋友从国外回来看你,你会安排好手头的事情,抽出时间把家里收拾得井井有条。然而你的父母到达机场,你却打发一个下属去接他们,你却照常经营你的店铺。人们倾向把时间留给那些远方的贵人。你的女朋友过生日了,你会找时间陪她;你朋友过生日,你也会这么做。但是对身边的人,你却视而不见,只有当他们离开人世,你才感到难过和后悔。

　　因此,我们必须关注我们整个人类,只有这样,我们才不会犯错。保持快乐的第一个原则是关心我们人类,首先就应快乐和睦相处,因为人心中怨恨积压得比爱还要长。见到他人时,你要对他们好,他们就会对你有好印象。如果你对他们不好,你就给他们留下不好的印象。

　　你对其他人做的事情,换句话说,也就是你要他们为你所做的。你对他们表现好,你就会让他们对你表现好。你要说温暖人心的话,他们也会对你这么说。如果你训斥他们,他们也会对你恶言相向。你表现好,你就会让他们以好相报；你表现不好，也会让他们给你带来麻烦。

因此，无论你和谁在一起，你必须调整心态，不要伤害他人或让他们痛苦。无论谁面对你，你都不要让他们愤怒、烦恼、沮丧或痛苦。只有不友善和轻忽的行为，才使你遗憾终生。

使一个人快乐并不太难

有一位精神领袖，在世界广受欢迎和尊敬，因为他谦恭有礼，敬重他人。有一次，一位女记者来采访他，她跪在他面前行礼，向他表示敬意。她正要站起身，这时有一只手牵着她，拉她起来。她首先想到的是保卫人员的手，但是，却是这位精神领袖的手牵她起来。他请她坐下，不时对她微笑，他的脸上洋溢着明亮和真诚的笑意。他大笑的时候，声如洪钟。他笑得纯真，没有虚情假意，和他谈话令人很愉快。她本想只是采访一下，准备写个四页的新闻稿。结果，她

第四部分
快乐的秘诀

写了整整一本书,她被他的仁慈和礼貌所感染。

使一个人快乐并不是太难。只要你是仁慈的,你就会注意你面前的人的细节。你不仅给予别人快乐,而且快乐也会回到你的身边。

我曾到呵叻府(Nakorn Ratchasima)做过一次佛法讲座。事后,有一位警察施主带我参观女英雄昆由茉(Khunying Mo,当地人称她为 Ta Mo)纪念碑。那时大约是下午五点,远远望去,数百人在敬献香烛,许着自己的心愿。有些人在功德箱只放了二十泰铢,但许了半小时的愿;有些人许了很多的愿,直至脚长的香火燃尽,再另点燃一支烧至过半为止才肯罢休。我坐在车里往外看,在想是否下车。我的侍者说,我们从远方来到此地,还是下车拍张照留念吧。

我一下车,有一位女士转过身,看到我,问道:"您是伐札梅谛尊者吧?我好像在电视上看过您。"她这一问,竟招引过来很多人和我拍照。那次,我是去给警察做佛法讲座,陪同我去参观的警察生怕我被涌过来的人群挤到,赶紧抱起我,冲进车里。直到我坐在车里伸长脖子看着他们时,才明白过来。我告诉陪同警察,人们只是想和我合影。于是,我又下车去和他们拍照。

我并没有向他们唠叨或宣说什么佛法,我只是向他们表示适当的敬意。当你尊敬他们,你就会在他们心中有一席之地,你会受到他们爱戴。无论你到哪个地方,你都会沉浸在爱与尊敬的回报中,你会感到快乐。

无论谁,你都必须把他当作有尊严的人

泰皇是一位受人爱戴的君王,因为他尊敬他的人民。有一次他前往内地巡视,成千上万的人排在路旁,欢迎他。通常,凡是要求面见的人都必须经过严格筛选,再列入紧密制定的名单中。

当他在红地毯上走的时候,一个小男孩突然窜出来。如果你还有以前的老黄历,你就会看到这个男孩伏拜泰王脚下的图片。国王俯下身子,接受男孩礼敬

第四部分
快乐的秘诀

问候。多年后，这个小男孩长大成人，在国王即位六十周年的庆典上接受采访时说："我爱国王陛下，无论他要我做什么，即便是赴汤蹈火，我也在所不辞。我知道他也爱我们所有人。"

有一名记者问他为什么这么说，他拿出老黄历的照片，给记者看。他当时还很小，因长期患病，治愈无望。他听人说他已被妖魔附体了，这种病是无法治愈的。他决定去拜见国王陛下，他在人群中等待国王接见。当国王从身旁走过，他一时不知所措，只想要得到国王的恩赐。因此，他猛向前冲过去，请求国王给他恩赐和护佑，尽管此时成千上万的人在等待，尽管他没有在国王接见的名单上。然而，国王俯下身子，赐福给他，愿他早日康复。

国王正要往前走，他又请求国王再一次赐福，国王仁慈地说："保佑你康复，我的子民。"从那以后，他因国王的恩赐，竟然奇迹般地痊愈了。他感到，即使身负数万人的职责，但国王也愿意赐福给他这样的小人物。他怎能不爱国王呢？

苦才是奇迹
the Miracle of Suffering

　　因此，当你和他人相处时，你必须把他们当作有尊严的人。你尊敬他们，同时也会赢得尊敬，而且会发现这样使人快乐。快乐的简单秘诀，就是使你的快乐给周边所有人带去快乐。

② 积极与人交流

快乐的第二种方法,就是积极与人交流。我认为,人与人沟通主要有两种方式:一种是小鸡式沟通,另一种是豪猪式沟通。

这里的"小鸡"指的是实际存在的小鸟。当你撒播食籽和谷物,鸡妈妈会呼唤她的幼崽来吃食。她不会先吃,等小鸡吃完,她会张开翅膀保护它们。无论刮风下雨或艳阳高照,她都给它们温暖,使它们免受伤害。我经常看见一群小鸡迅速躲进妈妈的羽翼之下。

苦才是奇迹
the Miracle of Suffering

那么什么是豪猪式沟通呢？倘若你从豪猪的一米活动范围内经过，它会向你抖动身上的针刺。在这种豪猪式沟通中，不论你和谁相处，他（她）都会恶意刁难你。

在小鸡式沟通中，当你接近他人时，他人会给你关心和温暖。因此，你应当跟小鸡学，守护着爱，积极与人交往，就像母鸡呵护小鸡那样。

夫妇在一起生活，也应当像小鸡一样，这样他们才会生活得快乐。有些夫妇生活得不快乐，是因为他们互不相让，也互不关心。

我曾经去过一对夫妇家里。女主人领着我看看他们的房子，她指着一个地方，问我是否知道哪个小孔是什么。结果，她告诉我，那是一个0.357口径子弹孔。一天，她在凌晨一两点钟醒来，看见她的丈夫正在擦拭手枪。他对她说："你会有麻烦的。我不会对你怎么样，但我不确定我的枪会不会走火。"

这位妻子一直生活在焦虑和痛苦之中。她说，她和丈夫生活，就像把自己关在笼子里。

第四部分
快乐的秘诀

　　一天,她到国外去出差。她打电话给丈夫,让他到机场来接她,但是一看到他的车,她就不想离开机场。她坐在那哭个不停,感觉笼子又再次打开,让她又回到那种不自由的状态。这就是那种豪猪式的关系。

　　还有一种,导致家庭关系不和的是言语伤害。有些人,不论有意还是无意,从口头上伤害对方。人之嘴也会给他人幸福带来毒害。人的嘴巴既可说甜言蜜语,也可说尖刻恶毒的话。每次你专注地说话时,你的嘴不断冒出朵朵鲜花。当我向你打招呼:"愿菩萨保佑你过得好!"尽管你心情不怎么好,听到我的问候,你会不由自主地回答:"谢谢菩萨保佑。"这样也会使我心情舒畅。

　　但是如果我给你打电话,并问:"你好吗?你今天愿意来寺院吗?"如果你在家心情不错,会接我电话,我会继续说:"这座寺院每天都会有聪明的人在活着时来光顾,而那些没有智慧的人只在死时才来;你明天愿意,还是不愿意来寺院呢?"这话,就像一支尖锐的长矛刺向你。若是我这么对你说:"你好,亲爱的法

苦才是奇迹
the Miracle of Suffering

友,你愿意明天来寺院吗?这次机会难得,大使也会来,他的妻子陪同他来听佛法开示,你看看他们多么尊重我们的法会。难道你不想来听听吗?"这些话就像口吐莲花。

有些饭店老板会给老顾客打招呼:"欢迎光临。"但是当他们回到家和自己的配偶在一起时,他们会大声喊叫:"你这个老骨头,进来不是不进来?"这是一种投向你的伴侣的口头武器,有时还会射向他们的孩子。

孩子不小心把水洒到桌子上,妈妈会说:"你怎么这么笨!你这辈子还会有什么出息?"孩子只是把水泼到桌子上,妈妈就诅咒他这辈子可能一事无成,这种做法过于刻薄。

现在,我请求你,和他人说些悦耳动听的话。每说一字,就像是送人一大束的鲜花,他们会因为你送的花而感动。你想要你的嘴巴成为郁金香农场,还是臭气熏天的花田?

正如你所见,你的嘴可能会成为一支毒箭或一个

第四部分
快乐的秘诀

花园。每次你说一句,都要深深吸入和呼出,我经常使用这种方法。有了正念,我保证你不会向人扔长矛的。

当你来到寺院,你也不会向僧人扔长矛,你还会很有礼貌地说:"你今天还好吗?"我们都来说说悦耳动听的话吧。我们不要假装这样做,而要让话语从心里真诚流出。如果你想要在你的朋友中保持快乐,你就不要假装,而要让你说的话诚实和合乎时宜。

我给你举一个两对已婚夫妇的例子。

有一个妻子捅了她丈夫一刀,另一个却对她丈夫说爱的语言。前者并没有得到她想要的东西,而后者却出色地赢得幸福。

在第一对夫妇婚姻周年纪念日,妻子想亲近她的丈夫,说:"亲爱的,你记得今天是什么日子吗?"一开始就说这个,似乎有失检点。如果你知道丈夫的记忆不好,就不要这么问,这肯定会破坏你们的气氛。

接着,她又问:"你记得明天是什么日子吗?"他回答:"不记得。"

苦才是奇迹
the Miracle of Suffering

"那我来告诉你吧,明天是我们的结婚纪念日。今年我不想要巧克力,也不想出去吃饭,也不要新裙子。"丈夫对她所要的东西开始担忧起来。

"我想要一枚钻戒,你能给我吗?"

丈夫开始发脾气,说:"你要这要那的,我哪有时间存到钱呢?"

"去年我朋友的老公给她一枚钻戒,如果你不给我买,那表示你不是真的爱我。"

最终,这对夫妇什么地方也没去成,却引发了一场冲突和打斗。结婚纪念日来了,丈夫却在办公室过夜,妻子只好默默地在家和孩子吃饭。对这对夫妇来说,不适当的言行导致了感情不和。

下面看看第二对夫妇:

"亲爱的,明天是我们的结婚纪念日。你肯定不会忘记,对吧?"

丈夫说:"我怎么会忘记呢?"

妻子继续说:"明天我不要巧克力,也不要新裙子,也不出去吃饭。明年,我也不要礼物,后年也

第四部分
快乐的秘诀

这样。"

"为什么你不要礼物呢？我想送你点东西。"

"今年或明年或后年，我都不要礼物，这样你就可攒够一枚钻戒的钱，你会给我买吗？"然后她亲了一下丈夫。

第二天早上，她在煮咖啡，听见丈夫在敲门。她喊了声："亲爱的，等一会儿。"花朵像雨点般从她嘴里散发出来。她打开门，丈夫递给她一束鲜花。丈夫说："亲爱的，你喜欢吗？你看看这里都有什么花？"她在花中找到一枚钻戒。她因为说爱的语言而得到她想要的东西。

嘴巴既是成功之门，也是失败之门。如果你不知道怎么用嘴巴，你这辈子就会有麻烦。有些人受过高等教育，因为口出恶言而没什么朋友；有些人没受过什么教育，也长得不好，但嘴巴很甜，他们会因为善言善语而获得成功。有些人还因为自己的口才而成为国家总理。

如果你问嘴巴散发的气息能否改变世界，我会说能。如果你想要高兴，就要聪明地学会利用好你的嘴巴，因为嘴巴能改变世界或毁灭人与人之间的关系。知道怎么用嘴巴的人会赞美小鸡式的沟通，不知道用嘴说话的人会在豪猪式沟通中遭受痛苦。

③ 知道何时让步、何时停下、何时放松

现在让我们来看看快乐的第三种方式——知道何时让步、何时停下、何时放松。生活中,如果你不知道怎么做,将会有许多困难和难题。

有一对英国皇室夫妇非常相爱,妻子是维多利亚女王,丈夫是阿尔伯特。维多利亚女王是英国最高君王,阿尔伯特是女王的丈夫。在一次盛大集会上,维多利亚女王让她的丈夫难堪。众所周知,大多数丈夫都被强势的妻子恐吓威胁过,尽管这种恐吓威胁通常

苦才是奇迹
the Miracle of Suffering

不在公众场合发生。

那天,维多利亚女王的这一做法使得阿尔伯特心里不舒服。他离开会场,躲进自己的私人房间。会后,维多利亚女王来到他的房间,大声地敲门。房里面的人问:"你是谁啊?"

她也叫喊着说:"我是大英帝国女王,你还不敢快开门。"这话听起来尖刻、傲慢,使她丈夫更不舒服。这对一个男人的自尊是一种伤害和轻视,这种伤害是心里面的伤害。外在的伤痛可以用药物或药膏治好,而内在的伤害是致命的。阿尔伯特没有给她开门。

女王出去阅兵,回来再敲门。

"谁啊?"

"我是英国女王,如果你不开门,我就动用武力。"

屋里面一片沉默,内在的伤痛难以形容。

时间到了凌晨一点钟,她已疲倦不堪,想要回房睡觉。她又再次敲响房门。

"谁啊?"

"亲爱的,我是你妻子啊!"阿尔伯特听到后,立

第四部分
快乐的秘诀

即打开房门,结果此事以快乐收场,因为女王知道何时让步、停下和放松。

因为固执己见,人生中便有很多艰难困苦。尽管如此,如果懂得退让,就不会造成更多的伤害。大多数情况,只是丢了面子。然而,有时人们爱面子胜过爱他的父亲、母亲、兄弟姐妹、朋友、下属或老板。每年,有些人花数百万泰铢来照顾他们的面子,来挽回他们的面子,然而脸面只是和手一样大小的东西。有些人洗个澡擦擦身子只花5分钟,而洗个脸却用了半小时。不管有瘾还是没瘾,他们做任何事都冲着自己的脸面。即使和尚说一切都是无常的,都是无关紧要的,但是有些人即使是去寺院,他们还是涂脂抹粉梳洗打扮一番。如果一个人不知道怎么退让,不知道如何放下,他的人生就是痛苦的。

上个月我去日本作宗教交流活动。我被带到日本白川乡一座被指定为世界遗产的老寨（Shirakawako Village）。这个村寨与世隔绝数百年,在开辟新路时被发现。日本政府修了一座桥和村寨的路连接起来。这是

苦才是奇迹
the Miracle of Suffering

一座吊桥，供行人过路。上个月我就去看了这座桥。

导游告诉我这座桥的来历。有一天，村寨的头领要去城里办事。有一伙村民出去打猎，捕了一头鹿，抬回村寨。恰巧双方在桥中间相遇，桥下是波涛汹涌的山涧，捕猎归来的十余个村民全副武装，抬着鹿面对面地朝头领走来。头领身上什么武器也没带，但身边有十几个心腹。

两方人马在桥中央相遇，谁也不给谁让路。村民们饥肠辘辘，一心想着回去烤鹿，饱餐一顿。在狭窄的桥上，没有人愿意相让。

头领说："我是村寨头领。"

他的心腹在他耳边轻声地说："老大，你是头领，向前冲。如果你现在后退，你日后怎么能统领其他人呢？"

打猎的村民饥肠辘辘，一心只想着尽快回家。对于双方，现在谁也听不进谁讲的道理。

一个村民抽出一把刀，举起来准备去砍头领。愤怒之下，他的同伙把鹿扔进山涧，准备格斗。看见鹿

第四部分
快乐的秘诀

落入山涧,被急流冲走,头领恍然大悟。即便是一头鹿,但是眨眼之间,就从你眼前消失了。因此,他说:"好吧,我给你们让路。"他匆忙退到桥头,让村民自豪地过桥,村民感觉那天他们打赢了头领似的。

他的心腹纷纷埋怨头领:"你怎么可以这么做呢?从现在起,你怎么统领村子里的人呢?"

聪明的头领说:"如果我不让路,你们知道谁第一个被攻击?肯定是我。我给他们让路,失去的最多是脸面,而他们却失去了鹿啊。你们想想,如果我不让步,我连命都保不了,你们也别想活。"

这就是使自己快乐的诀窍。一个人必须知道如何让步,如何停止和放弃。许多人总是不断向前,而不能后退,使得自己的生活困难重重。无论是谁,只要他认定自己不会输,他就注定会痛苦。

我看过一篇关于一个男主演的采访报道。他说一开始他就将自己的目标放在只演男主角上。如果他不能出演主角,对于任何配角都不能接受。他先后出演过两部电影的主角,之后就没有主角给他演了。由于

苦才是奇迹
the Miracle of Suffering

没有适合的角色来演，他一度因失业而陷入经济困境。他只好回到老家去住，不管什么时候上街，他都花半个小时梳洗打扮，让人觉得自己是个明星。戏里戏外，他一直都这么让人视为电影明星。

最后，他没有任何经济生活来源，只好请求重新回到娱乐行业，甚至出演女主角的父亲。然而，他一直都有戏演。他说："由于我不能让步，实际上导致我几乎十年处于停业状态。我已忘记了任何人都不能永远当主角。但是当我退而求其次，演小角色，我却有演不完的戏。"

你也不能永远当第一，当第二也还不错。相比之下，当第二，并且留在人们心中很长时间，要比当第一却昙花一现要好很多。因此，快乐的秘诀就是懂得如何退居第二，即使第二也不错，因为第一总是被人取代。

有个学校举行一次特殊的比赛，学校规定，参赛选手必须跑到终点，谁第二个到达终点的就获胜。几乎所有的选手都没注意这条规则，他们都想第一个到

第四部分
快乐的秘诀

达终点,然而第二到达终点的人为胜者,因为他知道如何放松。那些一心想跑第一的人一开始就压力很大。

因此,要想快乐,不必总是想当第一。当第一最难的就是保住冠军的位置。如果你这样做,感到压力很大和高度紧张,那当第一又有什么快乐可言?你不必要成为一个重要的人物,因为做个平常人也不错。只有你,才知道不可能永远保持那样。到了该放下的时候,你就不要心烦意乱。

事实上,人生越简单越快乐,因为快乐至简。我有一句座右铭——"生活像平常人,但是运用智慧要像智者。"尽可能过简朴的生活,知道如何让步、停下和放松,你就顺利度过你的人生。至于何时让步、停下和放松,没有规律可循。如果具备识别力,你就会活得更快乐,因为这是一门灵活的艺术。你必须借助你的智慧,才能识别。

以上讲到了快乐的秘诀,下面简单概括一下:

首先,无论在什么地方,都要让自己赢得他

苦才是奇迹
the Miracle of Suffering

人的爱戴,要尊敬他人,并给人适当的尊严,世界也同样会尊敬你。

其次,积极与人交流。要选择小鸡式的沟通,而不是豪猪式的沟通。说话之前,要记住鲜花是从你的嘴里开放,不要让尖锐的武器从你的嘴里冒出。

再次,学会让步、停下和放松。如果你知道如何在不同场合运用这三种方法,你的人生就会更加快乐。所有这些都是让我们变得快乐的秘诀。

第五部分

人生四大快乐

如果你想要一种可操控的生活,就尽量把你的生活降到基本需求。问问你自己哪些是真正必需的,去除那些多余的物品。当你发现生活是可以掌握的,你就会有更多时间享受,你的心灵也会更加轻松自在。

第四章

人生四大快永

1 痛苦越少,快乐越多

大多数人一生都喜欢不断地增添新东西,期望过得快乐,然而,这不是正确的看待生活的方式。一种良好的生活,不是不断地添加新东西,而是减少多余的、不必要的东西。

真正的佛教徒修行的目的在于内观禅修。如果沉迷于圣物或仪式,就像到了海边,站在岸上,不跳入海中,而执迷于海滩上惬意的行走,只是口上说大海如何壮观,却体会不到海中一滴的美丽之处。

苦才是奇迹
the Miracle of Suffering

泰国的佛教徒喜欢去寺庙做功德，借着烛光绕佛，将物质财富布施给僧侣，然后回到家里，感觉自己好像是虔诚的佛教徒。他们不知道，他们只是表面上触及了佛陀的教法。只有他们去实践体验佛法，他们才知道真法的神奇。通过内观和培养正念去修习佛法，才能使人看到人生不会被痛苦所烦扰。

现在，还有没有人敢说他（她）不受痛苦折磨呢？我们忍受着很多痛苦，以致痛苦成为我们尘世生活的一部分。只有当我们心情舒畅时，我们才意识到人生中有不如意的事。我们想知道，这是否是正常的？我们大多数人都与痛苦共生共存，直到与痛苦融为一体。无论何时，我们变得积极乐观，我们依然感到有不顺心的事。这就像空中的鸟看不见天空，水中的鱼看不见水，土里的虫子看不见土。我们也是专注于和沉湎于生命的本质，因而看不到融于生命的根本。大多数人都持有这种观点。他们生活于痛苦，并且认为痛苦是生命中不可缺少的。

事实上，并非如此，痛苦是多余的。良好的生活

第五部分
人生四大快乐

是一种快乐的生活。有没有人敢宣布我是快乐的、心满意足的？

佛经记载，有个男人在森林中发现佛陀裹着毯子。那是雨季末早冬的一个日子，天空飘着雪，寒风刺骨，佛陀从头到脚裹着毛毯。那个男人在找走失的牛。当他看到佛陀，他走过去问："你是谁？"佛陀巧妙地回答："我是世界上最快乐的人之一。"那个人被佛陀的话吸引住了，不禁思忖道："我却是世界上最不幸的人之一。"

你呢？你是哪种人，快乐的还是不幸的？你们中谁敢说自己是世界上最快乐的前十人呢？因此，要不断地问自己，你是哪一类人。

如果你的答案是："我比最可悲的人还要可悲"，那么你的人生就要往好的方向调整了。每年年末，问问自己在过去的一年中处于什么快乐状态。如果一年太长了，那你就每天问这个问题。上床睡觉前，问问自己你这一天是怎么过的，是快乐多，还是痛苦多。每天睡前，都思考一下这个问题。每天都把快乐和不

苦才是奇迹
the Miracle of Suffering

快乐放在秤上称称，看看哪头重，哪头轻，然后再来分析评价。昨天我很痛苦，今天我感觉好一些、轻松一些，这就是进步，有改善。每天你都这样去衡量你的快乐和痛苦，看看天秤上的法码倾向哪端，你就知道自己是快乐还是痛苦了。

理想的生活，应是不断地获得快乐，使它更加具有可控性。相反，品质低的生活充满忙乱，随时间推移，越发不受控制，到处是不满和痛苦。我建议你应考虑快乐和满意的程度，看看你的生活过得如何。

人们倾向向外看，希望他们的生活有所改观，想从外部补充进新鲜的东西。然而，这不是正确的看待生活的方式。一种良好的生活，不是不断地添加新东西，而是减少多余的、不必要的东西。大多数人一生都喜欢不断地增添新东西，期望过得快乐。

有一个中东的故事，讲述了一个人建造一栋新的、宽敞的房子。房子建成后，他把所有的东西都搬了进去。没多久，他抱怨自己在那找不到快乐。他说："我的房子怎么这么小，到处塞满东西。"有位叫纳斯鲁丁

第五部分
人生四大快乐

（Nasrudin）的毛拉（对精通伊斯兰神学的人的尊称——译注）从此地经过。这个男人看见纳斯鲁丁，便问道："毛拉，我怎么做才让自己快乐呢？"

纳斯鲁丁说："把你有的东西全搬到外面，我可以帮你。"

他们一起腾空了房里的家具和多余物品，这个男人顿时变得很快乐。他反复思考，大声地说："我是多么快乐啊！我真的很高兴！我怎么会这么高兴呢？"

纳斯鲁丁笑着说："快乐早就在这等着你了。得到快乐是轻而易举的事。只要去除不必要的东西，你的快乐就会出现。"有多少人能明白这个道理呢？大多数人认为，只有当他们获得新东西和尽己所能地增添生活用品，他们才会快乐。

我们来看看佛像，佛陀身上没有任何饰品。有时，我们可能认为佛陀光彩照人是装饰的缘故。我们却不知道，这是因为他身上没有多余的东西。当我们口渴时，最解渴的是白开水。然而，大多数人却不喜欢喝白开水。当我走进饭馆，服务员会问："你是喝可乐，

苦才是奇迹
the Miracle of Suffering

还是喝七喜?"我说:"请来一杯白开水。"他们把我从头到脚打量一番,看我是哪里人。纯净水是最好的饮料,为什么我们不喜欢喝呢?因为我们都喜欢装饰和添加。这种添加会使我们的生活变得更加困难和烦恼。

因此,如果你想要一种可控的生活,就尽量减少到最基本的需求。问问自己哪些是真正需要的,去除那些多余的东西。当你发现你的生活易于驾驭,你会有更多时间来享受,你的心也会变得更轻松自在。

减少不必要的东西,以便你的生活更加易于掌握。拥有更多时间享受,让心灵更加轻松和快乐。佛教上有四个标准,能反映更高品质的生活。

今天,泰国社会存在很多问题,人们都把金钱、物质、名利、权力视为人生的成就。成功也是按这些因素来衡量,大家都一致认为,谁积累的财物越多,谁就会值得尊敬。

如果你问佛陀,他会告诉你,一切都以生活品质为基础。如果以钱为基础,直到你拥有你想要的所有的钱,你才会快乐。如果你以汽车为基础,直到你拥

第五部分
人生四大快乐

有一部车，你才会快乐。如果你以权力和名声为基础，直到你拥有权力和赞誉时，你才会快乐。佛教上说，我们应当以生活的品质为基础。只要想想佛陀和其他僧人送上的祝福——"Cittaro dhamma vatthanti ayu vanno sukhan balan"[①]（祝你添福、添寿、添乐、添康），这句祝福虽然简单，却包含四种好处（即高品质生活的四个标准——译注）。

我通常也会给人送上这些祝福。不过有人会怪我："你的祝福太短了，你能多说几句吗？"我说："你有所不知，我的祝福是有四种好处，这些好处包括延年益寿、精神焕发、身心快乐和身体健康，你都可以得到。除此外，你不能期望其他好处。下面我会在各小节里讲讲它们都有哪些神奇的地方。"

---

① 巴利文 ayu，即长寿；vanno，即容颜、美貌；sukhan，即快乐；balan，即健康。

② 长寿之道

当人到了一定年纪,谁不想活得更久呢?我们所有人都希望长寿,尽管很多人都没活到自己想要活的年纪。你知道这种长寿有多么不可思议吗?因此,人们都想要别人祝福他们长寿。

长寿,指的是没有重大疾病,并过着长久而又高品质的生活。活过百岁,但行动不便或处于植物人状态,或麻痹瘫痪,或依靠生活照顾,这些都不是任何人想要的长寿。如果人们不忍心或无法按法律对老人

第五部分
人生四大快乐

执行安乐死,这对儿女是一种负担和劳累。

长寿本身并不太容易,因此,过一种长寿、高品质的生活,是一种美好的祝愿。那么怎么才能长寿呢?对此,佛陀给出一些实际的建议:

1. 参加使你感到舒适的活动或事情
2. 不要执著使你感到舒适的活动或事情
3. 吃容易消化的食物
4. 善用你的时间
5. 有自制力

你能明白保持长寿的这些要素吗?这里讲的不是自然老化。要想长寿,你必须考虑到这五个因素。

第一,参加让自己感到舒适的活动。

问问你今天是否做了让自己感到舒适的事,或者把醒着的时间都用在工作上?比如说,你一个月挣一万五千泰铢工资,把所有时间都用来工作。你工作到晚上11点或半夜才回家,甚至把工作带回家去做。你

苦才是奇迹
the Miracle of Suffering

工作起来好像你的薪水是70万或80万。你这是在做让你不舒适的事。有多少人是在做他们感到舒适的事呢？如果你做了，你是很幸运的，你会活得更久。做自己感到舒适的事，你就能避免将自己置于痛苦的边缘，避免走极端。

许多人都冒着使自己走极端的风险在生活。身体不适带来心灵不安，心灵不安带来心理健康疾病。这种疾病又回到你的身体，产生恶性循环，导致个性软弱、不够冷静，表情也不好看。内心感觉不好的人会发散一种不好的气味，只要近距离接触，就能闻到。我们中有多少人在做只让自己感到舒适的事呢？

"舒适"一词并不是指身体舒适，而是指心灵舒适。我们的心处在舒适的状态吗？身体舒适指的是放松、无所事事、自得其乐。"舒适"的真正含义是深层次的，即心灵保持舒适惬意的状态。你们中有多少人敢说自己是舒适的呢？你的心现在是舒适的吗？你的心灵大部分已都受烦恼折磨，有的部分已被损害，有的部分被毁坏，有的部分充满痛苦。一个心灵活力四

第五部分
人生四大快乐

射的人会做他（她）自己感到舒适的事，也会做他人感到舒适的事。

然而，妒忌他人会让我们的心灵遭受折磨。我们的心灵因折磨而扭曲，看见他人微笑，我们会感到不舒服；看到别人成功，我们会痛苦不堪。只要那个人还活着，我们就痛苦。妒忌是让我们的心感到不适的一种病。

其次是嗔恨。如果你恨一个人恨到极点，你都不想听从他嘴里说的每一句话，你都不想看到他的图像。看报纸时，偶尔看到这个讨厌的人的名字，你会把报纸叠好，扔到一边。我们的心灵就是因为这样而产生嗔恨的。

再次是报复。当你心怀报复，这时你就像患了破伤风或疟疾。它在你心中潜伏着，随时准备出来攻击。如果你身体虚弱，这种报复会彻底毁了你。

最后是贪婪。这是一种不加节制、永不满足的贪。在现代社会，我们比以前更加清楚地看到贪婪的事发生。贪婪已蔓延到社会的每个角落，因为腐败猖獗，

苦才是奇迹
the Miracle of Suffering

社会已沦落到最坏的地步。人们对行贿、受贿和贪污变得麻木不仁、视而不见。贪婪在现代社会越来越突出，人们也变得越来越贪得无厌，有些人陷入无底深渊，不能自拔。如果没有智慧或警告，几乎没有人会停下贪求更多的欲望。即使是亿万富翁，他也无法从他的财产中找到满足。他拥有得越多，就会想要得到更多。如果他对自己拥有不满足，他就不会快乐。只有当他认为自己拥有足够的时候，不管是多少，他都会找到快乐。

这四大毒害——妒忌、嗔恨、报复和贪婪重重地压在人的心灵上，使心灵失去平衡，并且让它感到不适。如果你选择去做你感到舒适的事，你就会感到身心自在、舒适。试着问问自己把心放在什么位置，你是怎么让自己的心变得舒适的呢？这听起来简单，但做起来难。

你能将你的心集中在当下吗？当下不仅仅是指今天或这一分钟，而是指这一刻。对它无法说清，即使一分或一秒也太长。在巴利文中，它指的是心的运动，

第五部分
人生四大快乐

快如闪电。一秒虽然短暂，但不是最短的，它比一刹那还快很多。你应该觉知到当下这一刻就是一刹那。

如果你把心集中在当下，不断觉知每一个念头、每一个行为、每一个运动，不管它是多么细微，你的心都不会四处摇摆。你会停留在当下此刻，你会变得完全百分之百专注。无论你做什么，你都会完整地把它做好。你的心不会回到过去或进入未来。如果你能把你的心安住在当下每一刻，你就会在所做的事中找到乐趣。尽管这有点困难，但我希望你能尽力做到。

再说，将心安住在当下并非易事，因为人之心总是陷入思考之中，还会不断扩散蔓延。如果心扩散蔓延，它就会从面部表情上流露出来，你不仅说话语无伦次，还会思维混乱。如果心能安住在当下，你的语言和思维就会条理清晰，一切都会顺其自然，毫无做作。

在家里，我们摆弄家具和物件，以便它们井然有序，然而却任由我们的心蒙上尘垢，混乱不堪。我们从未安排时间来梳理我们的心。因此，除了让家井然有序，你还应抽时间梳理你的心，经常练习跟随着心到它去的地方。如果你是因为哀悼前妻的离世，而使房子积满灰尘，那么你应该知道如何安置她生前的遗物。同时，你也应该扫除心灵的灰尘，学会把心安住在当下。轻松地坐下，观察你的呼吸，吸入，呼出。你不必期待将来的快乐，因为快乐就在当下此刻。

出家人都进行佛法修行，一旦开始，就会获得喜悦（Piti）。Piti，指的是一种快乐的感受。你来听佛法开示，当你听到开示，你就会感到心情不错，这就是喜悦。你在坐禅，跟随你的呼吸，获得外在和内在安详，这种安详就是一种"静"（Passaddhi）。如果你感到身心自在，你就会进入一种清新的、愉快的状态，好像刚洗完浴出来，这种感觉被称为"喜"（Pamojja）。还有一种感觉，就是"乐"（Sukha），这种感觉轻飘飘的，好像你行走在空旷的地方。

随着"乐"而来的是三摩地（深定）。喜乐，标志着你达到了三摩地。你是否让心灵进入这些美好的状态——喜悦、安静、快乐和三摩地。如果进入这四种

第五部分
人生四大快乐

禅修状态,你的心就安住在舒适的状态中。

你是否体验过这些心灵状态呢?你是否只在发工资那天感到快乐,或者在每月1号和16号等待乐透结果感到兴奋,或者给女朋友(男朋友)打电话感到快乐?这种快乐都是有前提条件的,不是来自内心的真正的快乐。你应当注意那些使你不快乐或快乐的人。另一方面,也应知道,真正的快乐就在你的心中。我们所有人都具备这种快乐的能力。我们通常都会认为快乐来自外部,比如看到莲花或鲜花的美而快乐,我们忘记要从内心来看。你明白自己的身心是如何沉浸在舒适的状态中的吗?

第二,即使是令你感到舒适的东西,也不要执著。

你可以做一些舒心的事,但不要执著在它上面。因为你一执著,你就会放弃其他的东西。有一些禅修者体验了喜乐的状态,发现它很神奇,以致回到家中还执著这种状态。她什么事也不做,只是坐在床上打坐。就连她丈夫躺在她身边,她也没有感觉。你认为

苦才是奇迹
the Miracle of Suffering

这种家庭气氛会好吗？她丈夫仍然有性的欲望，而妻子却一心放在涅槃上。每到吃饭的时候，他们在一起都无法沟通，因为妻子害怕她的心被家庭问题而分散。

从上面，我们可以看到喜悦是如何使人入迷的。进入这种执迷状态的人，会违背常理和社会风俗习惯。因此，不要让佛法修行干预你的正常生活。你做舒适的事，是为了获得清明、快乐的心。一旦你在其中找到舒适，就不要执著于它。你在这儿坐禅，获得喜乐，你在其他地方坐也同样可以获得喜乐。如果你回到你过去的不安和不快乐的状态中，你就观察你的呼吸，不要让你的心到处徘徊，要管好你的心。然而，你把心管得越紧，你就会越紧张，你感到的压力就会越多。这种压力不是缺钱，而是因为你不能管好你的心引起的。这种压力源于一种掌控的欲望，其实是一种好高骛远，这表明你想要做好却又没能力做到。这会带来一种深奥微妙的痛苦，这种痛苦细微的程度超过基本的人类痛苦。

如果你没有执著地体验，那些快乐的状态就会持

第五部分
人生四大快乐

续。我刚到曼谷时就有过这样的体验。有一天，我正在打一篇稿子，突然我的心高度集中，进入一种微妙而警觉的状态，我感觉我的整个身体轻如羽毛。我用手指劈哩啪啦地敲击键盘，突然间，我的手指也没有重量。失重竟然在我的双手发生，我感到全身好像有一股电流穿过，这是一种轻飘飘的感觉。当你专注于工作，心灵进入一种新的状态，即所谓微细而警觉的状态。一个小时过后，我停下工作，出去走走，为了重新恢复那种状态。

在那之后，我试图将我的心带回到那种状态。当我做不到时，我的心情会不好。由此，你就会明白一个人是多么喜欢把持他喜欢的东西。当我坐下来工作，我想要再回到那种状态，让心镇定。但是无论自己多么努力，保持专注，结果无法进入同样的状态。

你明白一个人是多么执著于他找到的快乐吗？这种执著被称为"粘缚"。佛陀说，任何执著，都会产生痛苦。即使对品德的执著，也是如此。当你执著于心灵的培养，执著于曾一度成功的坐姿，或者专注的目标，你都会因为这种执著而受苦，因为世界万物的本质都一直在改变，你无法抓住不放。这就是你必须明白的道理。

当你执著于某事物，你会随事物改变它们本来的面貌而变得紧张不安。你无法避免因为执著无常而带来的痛苦，万事万物都在改变，你却紧握不放，想要它们还和从前一样。这本身就已违反了自然规律，违反自然规律就会让你产生痛苦。

第三，吃容易消化的食物。

容易消化的食物指的是对你的健康有利并且无害的、有营养的食物。你必须根据自己的年龄大小和牙齿的好坏来吃东西。如果你已经78岁，就不要吃牛排。如果你要吃，也只能戴上牙套，勉强咀嚼，整个吞下而已。这也就是说，你根本不知道自己适合吃什么。总之，你必须精心选择适合你的身体状况的食物。

你的精神是轻松愉快的吗？你每天都吸收了什么？你有没有因为吸收负面的信息，以致都说不出什么好

第五部分
人生四大快乐

话？如果你吸收有毒害的物质，比如读到有精神毒害的新闻，你会被来自社会方面的压力击垮。因此，就你的健康来说，精神的食物和物质的食物同等重要。你吃什么，你就是什么，你是你所吃的东西的"产品"。

我是沙弥小僧的时候，我每天都是听着阿姜查的录音而入睡的。我睡得很香，每天都有好梦。我醒来，都神清气爽。我对我早晨见到第一个人微笑，以微笑开始这一天的生活。问问你自己是否也对早晨见到的第一个人微笑。有些人看着镜中的自己，甚至都不对自己微笑。随着年龄的增长，你都失去微笑的能力。因此，你每天都必须调整自己，与其板着一张不满的脸，不如微笑着面对好。不断地微笑，因为微笑表示你是正念观照的，微笑代表的是正念。所有的佛像都是微笑的，因为它们代表的是正念的状态，因此，你应该注意自己的精神食物。

如果你吃的是精神食物，你就会成为精神"产品"。另一方面，如果你吃的是贪婪、愤怒、妄想、压

苦才是奇迹
the Miracle of Suffering

力或忌妒，你也会变得贪婪、愤怒……你就是你所吃的东西变成的，这个道理甚至适用于所有心灵工作者。

还有一个难以消化的食物的例子，我们可以在不诚信的企业中见到。你也不要从事不讲诚信的职业。有些东西，比如砖块、石头、水泥和沙子，也是不消化的。即使你吃进去了，它在你肚子里会腐化变酸，一旦渗漏出来，你就会被感染。

吃容易消化的食物，有助于你延长寿命。问问你自己现在都在吃什么，你有没有给自己的胃和肠道增加太多的负担？你有没有吃进让自己不舒服的东西？心灵食物又称为精神食物。你不会忘记每天吃有营养的食物，同样，你也不要忘记吃有精神营养的食物。你可能会问，那怎么吃呢？只要观照你的吸入和呼出，你就能做到，不过你要观察到熟睡为止。只要这样睡上一个小时，你醒来时就会感到神清气爽，因为你已进入深度睡眠，也叫禅定睡眠。在通常睡眠中，你会昏昏沉沉睡上八个小时，醒来时还是疲惫不堪，因为这是一种物理上的睡眠。

第五部分
人生四大快乐

在正念禅修练习时,你能在凌晨三点起床,洗完脸,坐禅到六点,之后再继续修行,一直到晚上十点睡觉。当你的内在电池已充满电,你的身体就会一直敏锐和强而有力。身体的电池可以通过禅修来充电。好好地观察你每天晚上是如何入睡的。睡觉时,要观察你的呼吸,醒来时,不要马上起来,可以继续跟随你的呼吸,尽你所能地去经常练习。经常给你的心灵电池充电,一直到它充满为止。

第四,善用你的时间,不要让时间把你挤压得透不过气来。

如果你跟着时钟的指针跑或者让时针像个奴隶的主人,握着鞭子,一直抽打你,那么过这样的生活,会使你紧张,导致心理健康恶化。那些超出工作期限工作的人也要注意自己的精神状态,否则工作最后期限会害死你。当你受到时间的压制,你就无法避免紧张。紧张越积越多,慢慢形成你的性格。随着压力紧张和你的个性融为一体,你就会闷闷不乐。

第五，要有自制力。

这也就是说，我们要减少身体的欲望。身体的欲望指的是通过眼、耳、鼻、舌和心等获得感官的快乐，它不仅仅指的是性欲。过量的身体欲望，就像看电视连续剧，一集接一集地看，连续看个三天。这种行为缺乏限制，虽然娱乐满足你的需求，但你的眼睛会痛苦。你必须同情你的眼睛和耳朵，让它们看看和听听其他好的东西。你可以让耳朵听听佛法，除了肥皂剧，你的耳朵也需要吸收有益的信息。你要让它们有时听听温柔的信息，比如佛法开示。

如果你的耳朵塞满了伤感的音乐或硬性摇滚乐，你的心也一样会受到影响。无论你吸收什么，你的心也一样吸收并反射出去，因此你必须注意你吸收的东西。

在我们的心中，有一些种子随着时间在慢慢长大。这些种子，既有贪婪、愤怒、妄想、妒忌和野心等坏种子，也有品德、慈悲、慷慨、喜悦、活力、对真理和正义的爱等好的种子。这些都是扎根于我们所有人

第五部分
人生四大快乐

的种子，那么我们应该浇灌哪些种子？

如果你每天收看很多不良的社会新闻，你就在浇灌贪婪、愤怒和妄想的种子，它们会慢慢长成大树。如果你浇灌慈悲的种子，每天培育慈悲，你就会活力充沛、精神振作。每天，你必须不断地监督和检查你浇灌哪些种子。我们的心中既有佛法种子，也有腐烂败坏的种子。你必须好好选择、浇灌佛法的种子，以便它们长成参天大树。如果你不浇灌它们，它们就会枯萎和死亡。

有些人从未浇灌施舍（善举）的种子，他们甚至一毛不拔。浇灌善举的种子的人都会施舍他们拥有的一切财物。我父亲的慷慨布施给我留下深刻的印象。我还是小孩的时候，就看见父亲从谷仓舀粮食，送给邻居。父亲还让我不告诉母亲，他一桶桶地把自家的粮食分发给邻居。最近我去清莱（Chiangrai）过雨安居，我父亲来闭关房看我。他给我买了一箱UHT（超高温灭菌乳，英文Ultra High Temperature，简称UHT——译注）牌牛奶。他打开塑料包装盒，先给我

苦才是奇迹
the Miracle of Suffering

一罐,然后把两罐给两个侄子,一罐给我的狗,另一罐留给他自己。现在我知道为什么牛奶供应短缺,因为有太多人在喝。

这是我所见到的我父亲的布施精神。我的姐姐过去还常常怪他。每次吃东西时,他都首先给他人分享。他自我记事起就一直在做善事,布施已成为他的习惯和品格,他一直都在浇灌布施的种子。无论你从他那里要什么,他都会给你,他不会抓住自己的东西不放。

他长期以来都把自己当作施予者,我们自小时候就见他这样。受到他的影响,我们也喜欢把自己的东西分发给他人。对于那些从未受到过这种方式熏陶的人,是很难把自己拥有的东西送给他人,即使是破旧衣物,他们也不会送人。他们穿衣服,一直穿到破为止,还把它们存放起来,从来不送人,即使是捐给慈善机构,也不肯。因此,你必须培养你心中好的种子,必须浇灌它们。对于奉献精神——慷慨布施、社会捐献,你必须经常浇灌。让善的种子在心中成长,你才能轻而易举地行善。

第五部分
人生四大快乐

有些人说,行善很难,但为恶却容易。这已被严重误解了。事实上,行善容易,为恶难,因为做坏事,必须思前想后,精心算计。如果你被抓到,怎么办?考虑到正确的说法,应该是行善易,为恶难。你应该通过保持纯洁和自制力来训练自己浇灌善的种子,让你的眼睛、耳朵、鼻子、舌头、身心都能得到休息。你不要过度地使用它们,否则它们会提前老化的。

我已修习过正念禅修,即使我洗浴时,我也会培养正念。有一天,我在洗浴时,我擦洗我的脚和脚指甲。我仔细擦洗时,安住在擦洗当下这一刻。突然之间,我的心变得明亮起来。感恩是一个好人的标志。我擦洗脚时,这却点燃我的快乐的心。我的心开始活跃起来,告诉我要对这双脚感恩。你必须像照顾你的脸一样照顾你的脚。你用在脸上的香皂是高级的,而用在脚上的香皂是普通的。为什么你却有双重标准呢?为什么你不对你的脚和你的脸同等重视呢?没有脚,脸又怎么能展示出来呢?那天,在洗浴后,我得到一点点开悟。一个人应该照顾整个身子,不仅仅是脸,

苦才是奇迹
the Miracle of Suffering

而且包括脚。现在，我重点放在我的脚上。你有没有想过我们欠脚的感恩和欠脸的一样多？因此，不要对你身体的各部分采用双重标准。你的指甲也应当受到应有的照顾，因为它们也是你身体的一部分，这才是从整体上照顾你的身体。正确地对待一切，不要过早地消耗殆尽。你身体其他部分出现问题，你自己也会出现问题。

我们的祖先都很有智慧。他们说，一周五天用来劳动，第六天是剃头日（僧人都定期削发），第七日是安息日。在剃头日（主要和僧侣有关），我们和家人呆在家里，准备食物，去寺庙拜佛。到了第七日，我们来到寺庙。我们去寺庙是出于什么目的？是为了用精神的食物喂养我们的心灵。现代社会随着西方的传统已经改变了，一周虽规定工作五天，但我们在星期六却还在工作。就连周日，我们也还工作。看看现代人的日历，周二是剃头日，周三是安息日，但是你没有让自己休息一下。你花七天时间照顾你的身体需要，这就是为什么现代人的心变得越来越粗俗。与人相识

第五部分
人生四大快乐

容易,但爱他们却很难,而恨却比爱容易得多。我们对人缺乏慈悲,因为我们都没有时间照看自己的心灵,剃头日和安息日也就没有意义。我们一周七天都在工作。这就是我们虽然取得物质的进步,却让精神倒退和恶化。

如果能遵循以上五大长寿之道,好好照顾自己,你就会拥有健康长寿而快乐的生活。

3 生命只在当下

当你活在当下,过去也无法接近你,担忧未来的痛苦也不靠近你,因为只有此时此刻,只有当下这一刻,才是你拥有的一切。只有在当下,你才是无忧无虑的,这会让你保持容光焕发。

有一部名为 Bhaddekaratta 的佛经,提到了人的气色问题。从经名来看,bhadda,意为"兴旺、繁荣、成功",eka 意为"一",ratta 意为"夜"。这几个词合起来的意思富有诗意:"多么迷人的夜晚。"这部经的名

第五部分
人生四大快乐

字被译为《一夜贤善经》或《胜妙独处经》。

这部经的主旨是,不要停留在过去,不要担心未来。专注于当下,你的气色才会很好。这是佛陀关于保持容光焕发的秘诀。"气色"(Vanna)一词已化成僧人的祝福语(ayu vanno)。僧人们的意思并非是要你去买润肤膏来保持容光焕发,祝福语中的意思还不至于有那么肤浅。

这个词真正的意思是建议你不断地保持正念。不断地练习对身、受、心、法的观照,直到你完完全全地安住在当下。无论你在何地,你的身心都在当下。

什么是正念?正念是一种聚拢你的身心,完全集中一处的能力。你能做到这个吗?对于大多数人来说,身体在一个地方,而心却在其他地方飘荡。一般人都会是这样。

比如,你坐在这里听我作的佛法开示,但你的心却跑到很远的地方。你们中许多人都用耳朵听,但心却在其他事情上。你的心被分散,你几乎无法安住在当下。聆听佛法开示时,你的心可能会出现如"这不可能，打扰了，尊者"这类干扰因素。此外，你的心还可能会向前跃进未来。你的头脑里没有任何的说话声，你还能听吗？你能够不加任何点评地只觉知当下吗？

有些人一边听着开示，一边想着他们看过的东西。他们的心又回到过去，因此，许多人都没有活在当下。有些人经常回到过去，有些人却向前踏进将来，这正是我们为什么有那么多担心和期待的缘故。活在过去可能会让你痛苦，活在将来可能会使你担忧，因此，你必须培养自己活在当下。

无论你的身体在哪里，要让你的心和它在一起。不管你在想什么、你在做什么、你在说什么，你的一举一动，都要让你的正念和你的身体合而为一。你必须一直对自己保持觉知，只有这样，你的气色才会光彩照人。

因为此时，你的心没有紧张不安。没有紧张，你的心才会快乐，一颗快乐的心对身体有好处。从医学上来说，你的身体会分泌内啡肽，使你保持活跃、警

第五部分
人生四大快乐

觉和有条理。不管你说什么或做什么，你都会感到轻松愉快，没有负担，而且还保持连续性。这就是觉醒之心的本质，它就像在快车道行驶的车，高速行驶，没有阻碍，这是因为你安住在当下的缘故，也是你得到的最明显的好处。你不会因为过去而失眠、紧张、失调、担心或痛苦。

当你活在当下，你的心必须完全处在当下，过去也无法接近你，即使过去十年、二十年或三十年的痛苦，也不会回来找你。担忧未来的痛苦也不靠近你，因为只有此时此刻，只有当下这一刻。当下的才是你拥有的一切，你不会担心未来。只有在当下，你才是无忧无虑的，这会让你保持容光焕发。

佛陀常被人问为什么他的气色那么光彩夺目，他的门徒也是那么熠熠生辉。当舍利弗尊者被问到这个问题时，他引用佛陀在经中说过的话："不要回顾过去，也不要担心未来，只专注于当下。这就是你为什么容光焕发的原因。"因此，这也是僧人常用的第二句祝福。

苦才是奇迹
the Miracle of Suffering

上面对僧人给的祝福会有四种好处，简单作了讲解，你必须亲自去实践。只要你一个个落实，它们就会实现。没有你的积极参与，它们不会变成真实的东西。

 **4 身心快乐**

Sukha，意思是身心快乐。让你的身体和心灵都快乐。身体上没有痛苦、疾病的人才是真正有福的人。据佛经上记载，有一个人从未遭受过疾病的痛苦。这个人名叫 Bahula，是位出家人，活到 120 岁，从未生过病，从来没上过医院看过病。他 120 岁时在平静和健康中渐渐老去。

佛陀把他作为一个例子来说明身心快乐的重要性。120 年来未生过病的人倒是有可能存在，但心理上从未有过一丝烦恼的人恐怕很难找到,这犹如大海捞针。你知道,我们的心灵都在受哪些疾病困扰吗?心灵上困扰我们的疾病包括贪婪、愤怒、妄想、妒忌、竞争、自私自利、欲望无穷、追求功名、自吹自擂等等,人类大多数都受这些疾病困扰。

主要的疾病就是前三种——贪婪、愤怒、妄想(佛教上称"贪、嗔、痴"),有一句佛教格言说,无病就是福,这里指的是没有心理疾病。当你的心在当下时,毒害不会乘虚而入,这就是喜乐,这种快乐的状态是人人都想要的。

在现实生活中,有多少人能够做到这一点?让我们试着不断地对自己的身心保持觉知吧。只有不断地练习觉知,你才会找到快乐。身体上的快乐并不难找,你只要不断地进行体育锻炼,吃一顿营养餐或适度工作,就可以获得,但是心灵上的快乐必须依靠你自己才能获得。没有哪个医生可以为你开具心灵药方,治疗你的不快乐,你必须自己采取行动。既然你知道怎么锻炼你的身体,为什么你不学习训练你的心呢?练

第五部分
人生四大快乐

习让你的心休息一会儿。比如，你每天都打电话，试着改变一下，不打电话或不接电话，你就会发现你的心会有好的训练。忍着不使用电话，看看你的心需要什么。

即便心轻声对你说："去吧，用你的电话，它是你的东西。僧人去寺里了，为什么我还忍着这种苦恼？为什么要相信他？"这儿会出现两股力量——好力量和暗力量。不管你做什么，你都无法逃脱暗力量（Mara）。在佛陀证悟时，魔罗来阻止他，因为他不能容忍其他人享受成功或快乐，同样的事情也发生在我们心中。当我们正在做好事时，有个家伙潜伏着，在等着抓获我们。我们过去常常活在快乐中，一旦我们遭遇不幸，这个坏蛋就会出来，与我们良好的意愿对抗。

第一天你决心不接电话，也不回电话，如果你做到了，这就是一个好的开头。试着再做一天，告诉你的亲朋好友让你休息一下。为什么你必须告诉他们？因为，如果你不这么做，你的丈夫可能会有误会。如果他生气了，你在家里就会有麻烦。休息要征询你的孩子的同意，"儿子，这周六我想修行佛法，我试着不与人说话（止语）。""亲爱的，我出生到现在，每天说个不停。这周六我可以改变一下，不说话好吗？你愿意不问我什么吗？"试试看，只要止语一天，你就会发现你的心想张开口说话。它会说："说吧，为什么你不说？如果说不了，你就写出来。"写也是说的一种方式，因为你写的都是你心里的话。

许多人都在禅修打坐时止语，不过，他们私底下都一直在传纸条。

我听到有人说："真是太好了。我在禅修中心已有五天了，还从没说过一句话。"我不太相信她说的话。不管怎么说，我走到禅修中心的宿舍，看到遍地都是小纸条。

他们把传纸条当作一种沟通方式，这也就是说，虽然他们身处寂静的环境，但从未停止过说话。

这种无声的嘈杂，随处都可以见到，他们还对自己五天没说过话感到自豪呢。这种做法确实不恰当。

第五部分
人生四大快乐

即便没有口头交流，但他们却一直在用笔交流。因此，在高级禅修班，我们是严格禁止写纸条的，这对禅修者完全训练自己的心是有好处的。

从出生到现在，你用嘴巴都做了什么？嘴巴虽然可以吃饭，但你有没有用它来伤人？你的一生中是否真诚地称赞过人，是否称赞时不期待回报？称赞他们，是因为你相信他们的品德？因此，当你试着禁语一天，你就会体会到嘴的价值。你还会意识到你对嘴巴有多感激，你的嘴巴曾制造过多少麻烦。你越深入练习，这些问题就越明显。

当你忍着不去接正在响的电话，你的心会跳出来，迫使你投降，你不要对它作出让步，不要屈服于它。你以前总是滔滔不绝，说个不停，现在一旦不说，你的心会设法骗你去说。你不要向它投降，而要不断地与自己作斗争。如果你不断地去练习，你就会克服受到不好的侵害。

现在许多人都受到这种染污的毒害。僧人们建议他们去抵制染污，他们都还不太情愿。人们很容易就

苦才是奇迹
the Miracle of Suffering

会受这种染污的支配,毕竟人的习性难改。如果有人建议你去尝试以前从未做过的事,违背你的习性和习惯,以及你熟悉的行为,你不会想去与它斗争,因为习惯是一种瘾。

我看过一篇对以前罪犯的采访。那个人已被判终身监禁。他已习惯监狱中戴镣铐的生活。因国王的仁慈,他在狱中二十年后被无罪释放。他的亲戚(家人)在监狱外等他,准备带他回家。他们等了又等,直到每一个释放的囚犯出来,都没有见到他。他的家人请求监狱长去看看他怎么还没出来。结果,他仍站在两英尺宽一英尺深的沟边。监狱长问:"为什么你还不走呢?"

"我要到死那天出去,长官。"

"那么是什么让你这么做?"

"我不能翻越那个壕沟,长官。"

"为什么你不跨过去呢?"

"我不知道怎么跨,长官。"

"那就跃过去,你不能跃吗?"

第五部分
人生四大快乐

"我不能,长官,我害怕跳跃。"

在过去的二十年中,他一直都戴着脚镣手铐。他只能一步步移动,才能接近地面,这已成为他习惯的生活。你见过有人这么执著于自己所习惯的和熟悉的东西吗?即使一个又窄又浅的沟,对他也是个很大的挑战。他已忘记怎么跳跃,怎么脱离地面,长年累月的监狱生活已剥夺了他的这种能力。

许多人都被禁锢于他们所熟知的世界,他们只做他们习惯做的事情。

有些人一辈子都习惯说些脏话,口出恶言伤人。有些人习惯妒忌其他人,因此他们贪求和妒忌任何他们认为成功的人。有些人习惯懒散,大部分时间都游手好闲。有些人习惯占别人的便宜,因此不断地想方设法去占便宜。有些人习惯滔滔不绝地讲,因此,有人捂着耳朵他们还讲个不停。

问问你自己,你是否被禁锢在你所熟知的世界中?如果是的话,你就必须摆脱它。为了摆脱你所熟知的世界,你就必须让心不受干扰。只有你,才能做到让

苦才是奇迹
the Miracle of Suffering

心了却烦恼,没有其他人能为你去做。你必须培育自己的心,你要设法制止贪、嗔、痴三毒。如果你不断地做,你就会拥有良好的心灵健康,这就是身心快乐的秘诀。

 **5 保持健康**

祝福的最后一项好处,就是它能给人带来力量或健康。实际上,佛陀已谈到过身体健康,正如前面提到的长寿、气色以及集中于心灵品质的快乐。

这里提到的益处,指的是身体的力量。一个人必须通过锻炼来获得体能、活动能量,以便身体不出现恶化或提前衰老。有些人可能经常锻炼,有很强健的体格,但是生活得并不快乐。你知道是否还有这样的人吗?他们可能仍然很沮丧,不能提升心灵的品质。

苦才是奇迹
the Miracle of Suffering

如果心灵沮丧，即使体能充沛也无济无事。实际上，身体体能和心灵官能有一定的关联性。因此，保持健康，我们既要加强体能，也要提升心灵官能。

要做身体练习，你应该尽可能将更多的佛法吸收进你的心中。你要用精神食物喂养自己，好的精神食物包括念（mettā）、悲（karunā）、喜（muditā）、舍（upekkhā）、精进（viriya）、正念（sati）、三摩地（samādhi）等等。这些都是良好的心灵营养，你要不断地使用它们滋养自己的身体。

其次，减少心灵垃圾食品，比如贪、嗔、痴。这个很容易做到，只是不要把它们记在心里。简而言之，就是将佛法添加进你的心中，将心中毒素排出。如果你能这么做，你就会获得身体健康和心灵健康，还会有一生的幸福。

如果你想要好的生活，你就必须学会生活管理艺术。你应该如何开始管理你的生活呢？只要遵循僧人念诵的咒语带来的四种好处，你就可以做到。这些祝福语就是前面提到的："Cattāro dhammā vaddhanti āyu

第五部分
人生四大快乐

vanno sukham balan（祝你福寿乐康）。"僧人只能给你些方法和指导，至于怎么去做，还得靠你自己。

我们一般根据你想要的，给你祝福。如果你想要这四大好处，应由你来选择你想要的东西。如果你已开始去做，它们就会实现。你发愿，祈求僧人的祝福，僧人们会给予指导，让你满愿。然而，如果你不遵从指导，也不量力而行，那么祝愿就不会有成效。只要你把它当作一种生活方式，你的人生就会越来越幸福。有了祝愿，你就会有一种好的、高尚的生活，因为祝愿只有在你下定决心时才会实现。

附 录

伐札梅谛的智慧箴言

1. 你应该（做）的是……
2. 没有什么比得上……
3. 正面思考的力量
4. 对待……要……
5. 少一点……多一点……
6. 感谢……

你应该(做)的是……

你应该珍惜的是"智慧"。

你应该寻找的是"好朋友"。

你应该思考的是"品德"。

你应该追求的是"教育"。

你应该接近的是"智者"。

你应该知道的是"道德规范"。

你应该遵从的是"诚实"。

你应该去除的是"不良影响"。

苦才是奇迹
the Miracle of Suffering

你应该多做的是"好事"。

你应该容忍的是"不尊重"。

你应该聆听的是"佛法开示"。

你应该记住的是"感恩"。

你应该拥护的是"国家"。

你应该消灭的是"自私"。

你应该戒掉的是"赌博"。

你应该从事的是"正当职业"。

你应该偿还的是"父母的恩德"。

你应该立即决心去做的是"充分利用今天"。

 **2 没有什么比得上……**

没有哪种收获比获得智慧更好

没有哪种失去比失去不安更好

没有哪种拥有比拥有功德更好

没有哪种了解比了解自心更好

没有哪种伤害比伤害人心更厉害

没有哪种傲慢能胜过骄傲自大

没有哪种恐惧能胜过自我恐惧

没有哪种高度能超过趾高气昂

苦才是奇迹
the Miracle of Suffering

没有哪种热量能超过燃烧的欲望

没有哪种吃法比吃贿赂更可怕

没有哪种放弃比放弃希望更可怕

没有哪种疯狂比疯狂追求权力更可怕

没有哪种瘾比赌博瘾更可怕

没有哪种缺乏比知识缺乏更可怜

没有哪种幻想比得上痴心妄想

没有哪种错误比得上以误为正

没有哪种转变比得上转变固定模式

没有哪种礼物比得上佛法的礼物

没有哪种快乐比得上安详的快乐

3. 正面思考的力量

当面对高难度的工作时，

这是提升你的专业水平的机会。

当面对复杂的问题时，

这是增长智慧的课堂。

当面对极度痛苦时，

这是获得生活本领的考验。

当碰到爱挑剔的老板时，

这是对自我完美的锻炼。

苦才是奇迹
the Miracle of Suffering

当面对他人的指责时,

这是通向财宝的路线图。

当面对他人背后诽谤时,

这是对你的重要性的反映。

当面对失望时,

这是形成生活免疫力的自然方法。

当面对疾病时,

这是提醒你好好看待健康的价值。

当面对所爱的人的分离,

这是让你学会如何依靠自己双腿站立的机会。

当面对固执的孩子时,

这是证明父母价值的机会。

当遭人诽谤时,

这是所有人都必须面对的无常事实。

附 录
伐札梅谛的智慧箴言

当面对不可预料的事发生时,

这是获得生存技能的锻炼。

当面对权力丧失时,

这是人生及所有众生的无我本性。

当碰到圆滑的骗子时,

这是对随意听信他人的警戒。

当碰到醉汉时,

这是在提醒你那种生活是令人失望的。

当面对事故时,

这是对掉以轻心的警告。

当遇到怀恨在心的敌人时,

这是对"没有敌人就不能伟大"的检验。

当面对危机时,

这是对"危机中见机会"的检验。

苦才是奇迹
the Miracle of Suffering

当面对贫穷时,

这是上天让你去奋斗的道路。

当面对死亡时,

这是使你的人生划上圆满的句号。

 **4 对待……要……**

对待问题,要有智慧。

对待他人,要慈悲。

对待爱人,要真诚。

对待朋友,要诚实。

对待人生,要有责任。

对待父母,要有感恩。

对待知识,要深刻钻研。

对待危机,要把它看作机会。

苦才是奇迹
the Miracle of Suffering

对待犯罪,要给予惩罚。

对待错误,要给予机会改正。

对他人的成就,要欣赏(绝不要妒忌)。

对待坏人,绝不能同流合污。

对待智者,要请求指教。

对待卑贱,不要鄙视。

对待权威,要保持距离。

对待人生四大必需,要适当使用。

对待金钱,要节省。

对待信息,要慎重。

对待疾病,要留意。

对待家人,要给他们爱。

对待社会,要奉献。

对待分歧,要好好倾听。

对待佛法,要每天勤于修习。

 5 少一点……多一点……

少一点舆论，多一点知识。

少一点情绪，多一点正念。

少一点信念，多一点智慧。

少一点谈论，多一点倾听。

少一点责备，多一点建议。

少一点恐惧，多一点勇气。

少一点欲望，多一点节制。

少一点自尊，多一点谦卑。

苦才是奇迹
the Miracle of Suffering

少一点粗鲁，多一点礼貌。

少一点自私，多一点公心。

少一点憎恨，多一点关爱。

少一点愤怒，多一点慈悲。

少一点迷信，多一点正信。

少一点闲荡，多一点陪家人。

少一点赌博，多一点慈善公益。

少一点同流合污，多一点惩恶扬善。

少一点工作时间，多一点个人独处。

少一点竞争，多一点分享。

少一点忙碌，多一点安详。

 **6 感谢……**

感谢不足,促使你勇敢面对和奋斗。

感谢贫穷,能让你锲而不舍,坚持不懈。

感谢失败,让你提高技能和专业水平。

感谢错误,让你更加聪明。

感谢渴望,激发你的创造力。

感谢批评,让你精益求精。

感谢无知,把你介绍给"经验"这个老师。

感谢失望,让你重新振作。

苦才是奇迹
the Miracle of Suffering

感谢竞争，让你看到自己的不足。

感谢疾病，让你把注意力转移到健康上。

感谢痛苦，让你意识到快乐。

感谢分离，让你不要执著。

感谢染污，让你想要达到涅槃（完全证悟）。

感谢死亡，让人生圆满。

关于作者

V. 伐札梅谛

V. 伐札梅谛的全名是 Phra Maha Vuddhijaya Vajiramedhi。他1973年1月29日，出生于清莱府。他的好学的母亲传给他阅读和对时世关注的习惯。他博览群书，试图通过阅读来提升自己的心灵。

六年级后，他征得父母的同意，在 Wat Krueng Tai 寺出家为僧。然后到帕辛寺（Wat Phra Singh）学习巴利文佛教经典，毕业时获得巴利文研究第六级资格证。

21岁，他在自己家乡剃度，正式出家，到曼谷的大理石寺（Wat Benchamabophit）继续从事巴利文研究，一直到毕业通过泰国经师最高等级——第九级考试。

在他从事佛学和巴利文研究期间,他也完成了世俗教育,以下分别是他的教育、著作和荣誉奖项的总结。

一、教育经历

2000 年,通过泰国佛教第九级经师考试

2000 年,获 Sukhothai Thammadhiraj 大学教育学士学位

2003 年,获 Mahachulalongkornrajavidayalaya 大学佛学硕士

2009 年,获 Hatyai 大学艺术荣誉博士

2011 年,获 Mae Fa Luang 大学社会学荣誉博士

二、著作出版

他出版了一百多部著作,包括《智慧之语》(Dhamma Tid Pik)、《成功秘诀》(Dhamma Dub Ron)、《愤怒的管理》(Dhamma Lab Sabai)、《心的管理》(Dhamma Sabai Jai)、《快乐地图》(Lai Taeug Haeng Kwam Suk)等等。

V. 伐札梅谛

他的著作已被翻译成英文的就有十几部,还有四五部作品分别被译成西班牙语、中文、法文、日文、印度尼西亚语等。

三、荣誉和奖项

由于他是一位年轻有为的出家人,长期致力于佛法研究和传播,因此他受到了国内外的赞誉,具体如下:

2004 年

• 他的著作《智慧之语》入选泰国电视第三频道系列专题,获得了多个机构颁发的十多项奖。

2005 年

• 他因为《智慧之语》等四部著作获得皇家学院教授 Chamnong Thongprasert 基金会颁发"佛法传播杰出成就奖"。

• 世界和平宗教委员会授予他"世界和平大使"称号。

苦才是奇迹
the Miracle of Suffering

2006 年

● 入选 Positioning 杂志评选的"2006 年年度泰国社会最具影响力的 50 位人物之一"。

● 获斯里兰卡总统马欣达·拉贾帕克萨（Mahindra Rajpaksa）和僧团颁发的"世界佛法传播贡献奖"。

2007 年

● 获得曼谷大学颁发的"曼大沟通艺术荣誉奖"。

● 获泰国诗琳通公主颁发的"佛教写作金奖"。

● 获泰国王储颁发的"青年服务杰出个人成就奖"。

2008 年

● 获泰国公共关系协会颁发的公共关系杰出贡献"银海螺奖"。

● 获泰国佛教协会颁发的"2008 年年度心灵贡献奖"。

● 获朱拉隆功大学研究院颁发的"研究院名人奖"

● 获泰国皇家社会福利委员会颁发的"2008 年年

V. 伐札梅谛

度孝子奖"

• 入选 A Day 杂志"100 位偶像"之一

• 被 Krungthep Durakit 及网站评为"2008 年年度思想家和作家"

• 被 Post Today 评为"新生代的希望之星"

• 被泰国社会发展和人力安全部评为"泰国模范人物"

• 被泰国科技委员会基金会评为"2008 年年度高级人才"

2009 年

• 获 Mcot 广播电台思想频道评选的"2008 年年度最著名的思想家"

2010 年

• 获泰国议会宗教、艺术和文化委员会颁发的"佛教传播奖"

• 获曼谷 Post 新闻报评选的"七年来泰国七位最有影响力的人物之一"

● 获泰国旅游和体育部颁发的"演说、写作和阅读贡献奖"

● 获曼谷大学研究中心颁发的"2010 年年度最值得称赞的人"

● 获泰国文化部颁发的"2010 年年度泰语使用杰出贡献奖"

2011 年

● 获菲律宾 Gusi 和平奖基金会颁发的"和平教育奖"

● 获泰国电视台军事频道 5 台颁发的"2010 年年度好人奖"

目前，V. 伐札梅谛担任皇家寺院（帕辛寺）住持的助手，同时还是佛教经济研究所的创建者和所长。他带领研究所致力于将佛教应用于自然农业和新兴能源，旨在提高 21 世纪人类的生存能力。该研究所位于 Sun Rise 园区。他还致力于佛教传播，通过写书、演讲和带领泰国和国际禅修团。